Chinese Examination Study Guides
中文考试辅导丛书
Series Editor YU Bin

Chinese GCSE

- HAN Youping
- JIANG Yuhong
- LIU Aiying
- YU Bin

CYPRESS BOOKS

Cypress Book Co. UK Ltd.

Chinese Examination Study Guides
Series Editor: Yu Bin

Volume I: Chinese GCSE

Compiled by
HAN Youping
JIANG Yuhong
LIU Aiying
YU Bin

Advisors:
Katharine Carruthers
LI Xiaoqi

Copy Editor : CONG Sha
Cover Design: ZHANG Wenqing

First published in Great Britain in Sept 2007 by Cypress Book Co. UK Ltd.
13 Park Royal Metro Centre
Britannia Way
London NW10 7PA

Tel: 02084530687
Fax: 02084530709

Find us at www.cypressbooks.com

ISBN9781845700065

Printed in China

前 言

《中文考试辅导丛书》是依据英国 Edexcel 考试局考试大纲编写的一套中文考试辅导教材，目的是通过大量有针对性的指导及练习，使学生充分温习所学知识，理解和掌握考试要求、考试题型、考试难度、考试技巧，提高学生听、说、读、写、译的能力，帮助他们在 GCSE，AS 和 A2 三个阶段的考试中取得良好成绩。

本套丛书目前共包括三册：Chinese GCSE，Chinese AS 和 Chinese A2. Chinese GCSE 适用于已学习中文三年以上的学生；Chinese AS 适用于已达到 GCSE 水平的学生；Chinese A2 适用于已达到 AS 水平的学生。中文教师可以将本套丛书用于课堂教学，学生也可将其用于自学。三册书体例基本一致，包括考试介绍、考试技巧、练习题集、学生范文、作文评析、模拟试题、汉语语法、练习答案等。

为了编写这套丛书，我们召集了英国剑桥大学教师，以及在英国任教多年、经验丰富的中学教师和国内的专家、学者，大家贡献所长，希望为热爱中文的学生提供一些帮助。盼各位不吝赐教，使我们这套丛书更趋完善、丰富。

在丛书编写过程中，我们得到了很多支持和帮助。首先感谢英国专长学校联合会中文项目负责人杜可歆 (Katharine Carruthers) 女士及北京大学对外汉语教育学院院长李晓琪教授。作为顾问，她们在百忙之中为我们提出了极为宝贵的意见和建议；特别感谢常青图书 (英国) 有限公司夏战生先生及其同仁对丛书自始至终的热情；最后，感谢为丛书提供个人习作的学生及其他所有为我们提供无私帮助的朋友们。

《中文考试辅导丛书》编委会

Preface

The *Chinese Examination Study Guides* are written in accordance with the examination stipulations of the Edexcel Examination Board to help students prepare for *GCSE*, *AS* and *A2* Chinese examinations. Our objective is to enable students to fully revise existing language skills and to get to grips with the demands of Chinese language exams, including question style, level of difficulty and exam techniques. Through the guidance and practice opportunities provided, students will be able to bring their listening, speaking, reading, writing and translation skills up to a standard where they can feel confident of achieving good results at all three examination levels.

The series currently includes three books. *Chinese GCSE* is suitable for those who have already studied Chinese for more than three years; *Chinese AS* is for those who have already completed GCSE; and *Chinese* A2 is suitable for those who have already reached AS level. Chinese language teachers can use this series of books in their classroom teaching, and students can use them to assist with self-study. The format of the three books is essentially the same, including a general introduction to the exam in question, practice exercises, sections on grammar and examination techniques, composition appraisal, example texts, mock exam questions, and answers.

In producing these guides, we have drawn on the help of Chinese language teachers at the University of Cambridge, Chinese school teachers with many years of valuable teaching experience in Britaiin, and scholars from within China. All have willingly offered their expertise in the hope that this will help and encourage students of Chinese. We welcome any suggestions or advice that might allow us to improve upon or further enrich these study guides.

The authors would like to thank all those who have given the series their invaluable help. In particular, we are grateful to Mrs Katharine Carruthers, National Programme Coordinator for Chinese Networks, Specialist Schools and Academies Trust and Professor Xiaoqi Li, Director of the International College for Chinese Language Studies, Peking University, consultants to the series, for their many inspiring comments and suggestions. Our special thanks also go to Zhansheng Xia of the Cypress Book Company, who, along with his colleagues, has shown continuous enthusiasm and professional dedication to the series. Finally, we would like to thank all the students who have kindly offered their essays for use as examples in the study guides and also other individuals who have given the series invaluable help.

Chinese Examination Study Guides Editorial Board

An Overview of the Book

Chinese GCSE aims to meet the needs of the following readers:

(1) It aims to provide a complete and up-to-date revision guide to those who wish to take *GCSE*. It will be equally helpful to all types of *GCSE* learners, meeting the needs of different ages, professions and educational levels.

(2) We also hope that other Chinese learners with a proficiency level similar to *GCSE* will find this book resourceful and helpful.

(3) It can also be used as a supplementary reference book and workbook for *GCSE* teachers and Chinese teachers within a wider range.

(4) We also hope that teachers teaching year 12 and students in transition from *GCSE* to *AS* will find the book useful. We have therefore included some extension materials in the book, which go beyond *GCSE* level.

Chinese GCSE covers all the four essential language skills tested by Edexcel GCSE papers: **Listening**, **Reading**, **Speaking** and **Writing**. It offers a large number of practice questions for each skill so that the readers can improve their performance in each.

It includes the following parts:

The first four parts are centred on the four examination papers: **Listening**, **Speaking**, **Reading** and **Writing**. Each section starts with a brief introduction to the paper and some useful examination techniques, followed by an ample number of practice questions.

In the case of **Listening** and **Reading**, more than 50 practice questions are provided, covering more than 20 topics including home, daily routine, family and friends, food, shopping, health, sports, travel, etc. All the question types that have been used so far in **Edexcel GCSE Paper 1**: **Listening and Responding** and **Edexcel GCSE Paper 3**: **Reading and Responding** are covered. An audio CD with all the listening practice questions is supplied together with the book. The practice questions can also be used in various other ways. For example, longer conversations in listening practice can also be used as reading material after listening practice. Teachers may also wish to use longer conversations in listening practice and longer passages in reading practice as conversation topics for subsequent pair and group work.

Please note that in the above two parts, we also provide questions that go beyond *GCSE* level for transition from *GCSE* to A-level. These questions are flagged up with asterisks ∗. In this way, we hope that learners and teachers can find suitable materials meeting different needs.

More than 90 questions are provided for **Speaking** practice, covering all four themes tested by the **Edexcel GCSE Paper 2**: **Speaking**. These are: (1) In the UK and Abroad; (2) Education, Training and Employment; (3) House, Home and Daily Routine; and (4) Media and Social Activities. Suggested answers to each question as well as notes for further practice are provided.

About 100 writing practice questions are provided and these cover all the question types that have been used so far in **Edexcel GCSE Paper 4**: **Writing**. More than 25 samples of student writing are also provided for reference. This part also contains a further two pieces of writing by students together with comments from examiners so that the reader can get a better idea of how to produce a satisfactory piece of writing in the examination.

Part Five provides mock exam papers, one for each skill.

Part Six is an introduction to essential Chinese grammar. Teachers can use this part as a point of reference for grammar explanation and learners can find ample examples for all the grammatical points covered in *GCSE*. Points which need special attention from *GCSE* learners are also singled out with examples and comments from Chinese grammar experts. Please note that more grammar is introduced in the other two books in the same series of ***Chinese Examination Study Guides***, for *AS* and *A2* respectively. Therefore, learners in transition from *GCSE* to *AS* are strongly advised to refer to the other two books as well.

As Appendices, rubrics as well as a list of vocabulary supplementary to *GCSE* Core Vocabulary with *pinyin* and their English translation are added to the book to get readers more ready for the exams.

For more detailed information about *GCSE* Chinese examinations, please refer to the Edexcel website:

http://www.edexcel.org.uk/quals/gcse/mfl/gcse/1666/.

Table of Contents

Part One Listening

Part Two Speaking

Part Three Reading

Part Four Writing

Part Five Mock Exam Papers

Part Six Grammar for GCSE

Appendices

Part One Listening

As candidates, you will listen to a range of authentic recorded materials spoken by native speakers. The materials will include statements, short dialogues, longer dialogues, longer monologues, etc. All recordings will be played twice. The teacher will stop the tape at appropriate points to allow you some time to write your answers and you will have 5 minutes to read the whole paper before the examination starts.

Most questions elicit non-verbal responses (e.g. multiple choice, matching, etc.). Up to 20% of the tasks will require responses in English. These tasks are usually put at the end of the paper. For example, you will hear a longer conversation and will be required to answer the questions in English.

The total mark of the listening paper is 50 and it lasts for 45 minutes plus 5 minutes before the test for you to read through the whole paper. You can choose either the simplified Chinese or the traditional Chinese version.

Examination Techniques

Some people feel that listening is the most difficult part among all the four papers largely because listening is transient and tests your immediate response to recorded listening materials. The main difficulties of listening comprehension arise from the following sources:

- Difficulty in differentiating sounds and tones
  The ability to recognize and differentiate sounds and tones of a recorded passage in Chinese is crucial to your understanding of its message. You need to decide on the right Chinese characters for the sounds you have heard. You might, for example, mistake "教室" for "教师" which is mentioned in a passage describing a teacher if you fail to capture the sound "shī" uttered in the first tone.
- Rapid flow of speech
  The difficulty of listening comprehension arises partly from the speed at which the conversation or the talk is developed or delivered. It is important that you can follow the flow of speech of the recorded passage.
- Limited vocabulary
  A very limited vocabulary is an obstacle to the immediate understanding of a particular phrase or sentence. The larger the size of your vocabulary, the more likely you are to catch both the details and the general message of the recorded passage.
- Nervousness
  There may be several reasons for your nervousness when taking an exam. Once nervousness affects you, you may find yourself stuck, unable to recognize even the most familiar sounds.

Preparations before the Exam

What is essential to your understanding of a recorded passage in Chinese is your familiarity with the correct pronunciations and tones of the Chinese characters—the sounds and their corresponding forms. You should make adequate preparations for the exam in order to enhance your proficiency in listening comprehension.

- Get yourself familiarized with recordings in Chinese. You should try to gain access to Chinese from different media: radio broadcasts, TV programmes, movies, songs, etc.
- If possible, try to dedicate 20 minutes or so every day to a recording in Chinese and not only repeat what you have heard but also write it down.
- Enlarge your vocabulary. It is helpful to group the words and phrases you have learned in accordance with the general headings or on the major subject matters that often appear in GCSE

exams. Pay close attention to pronunciations, tones and their corresponding characters. You should also familiarize yourself with synonymous words, set phrases, idiomatic expressions, commonly used patterns and sentence structures of the Chinese language and try to use them in your own practice.

- Learn to improve your listening comprehension through the practice of other skills, such as speaking Chinese, reading aloud the texts recommended by your teachers.
- Find out your tasks in the GCSE listening exam, including:
  a. Length of the exam
  b. Parts of the exam
  c. Type of task possible in each part
  d. Frequent topics for each part
  e. Marking scheme

When Taking the Exam

- Stay calm throughout the exam. It is unwise to get nervous when you hear something you are not familiar with, or when you fail to detect a sound. Nervousness will only result in a nearly empty head and more mistakes and hence bigger loss of marks.
- It is very important to listen for the gist and not allow one strange word to put you off listening for the general meaning of the whole paragraph.
- During a listening exam, it is likely that you may fail at some points to capture the information needed. Once you come across such a problem, it is unwise to spend all your time racking your brains to work it out. Instead, you should stay calm and move on. You may find the next task more accessible to you since there is no progressive incline of difficulty among the tasks. At the same time, you can also note down the sounds you have heard using a pencil. If time permits, you can work it out later.
- Try to predict what you are going to hear. Make good use of the five minutes immediately before the start of the examination. Read the requirements and try to use your background knowledge and common sense to predict what you are about to hear from the recordings.
- Do not leave any item unanswered. Before you hand in the test paper, make sure that you have answered all the questions. If there is a question unanswered, find out why. Refer to the notes you have jotted down during the exam. If you have noted down the sounds for a particular detail, try to reason out an answer for the question.

1. Listening Practice : Statements

1. 我的房间

Q: 他的房间里有什么？在适当的空格内打√号。

A

B

C
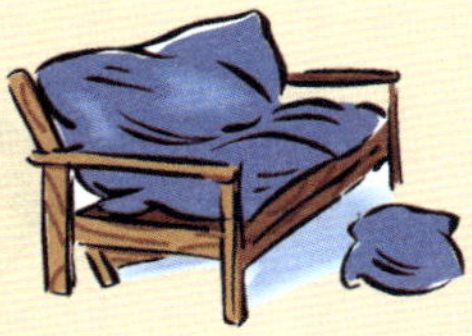
D

E

F

G

H

2. 购物

A

B

C
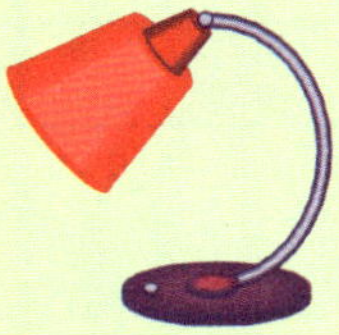
D

E

F

G
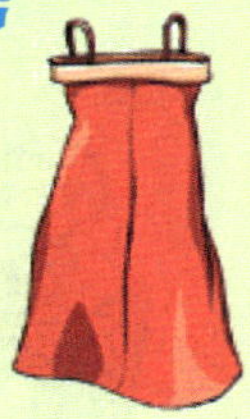
H

Q: 他们想买什么？选择正确答案，填在空格内。

小红	
小明	
小李	

3. 我的家庭

A

B

C

D

E

F

Q: 他们的工作是什么？选择正确答案，填在空格内。

爸爸	
妈妈	
姐姐	
我	

4. 在北京

A

B

C

D

E

F

Q: 他们在北京做什么？选择正确答案，填在空格内。

第一天	
第二天	
第三天	
第四天	

5. 我的好朋友

A

B

C

D

E

F

Q: 他们喜欢什么？选择正确答案，填在空格内。

大明	
小丽	
彼得	
我	

6. 去超市

Q: 他们买了什么？在适当的空格内打√号。

A

B
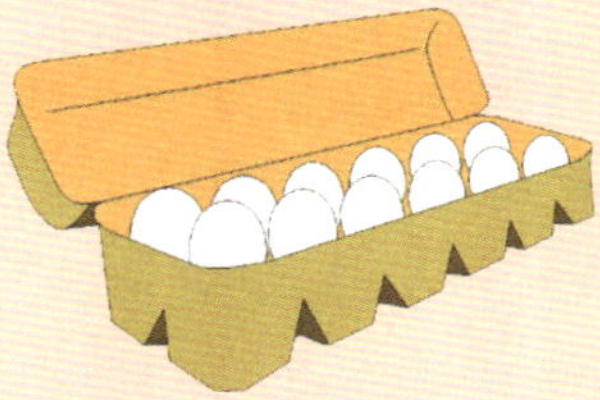

C

D
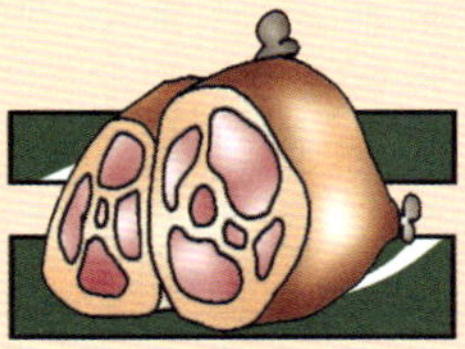

E

F

7. 在饭店吃饭

Q: 他们吃了什么？在适当的空格内打√号。

A

B

C

D

E

F

G

H

8. 生日礼物

A

B

C

D

E

F

Q: 他们送给玛丽什么礼物？选择正确答案，填在空格内。

爸爸	
妈妈	
哥哥	
弟弟	

9. 今天的课

Q: 他们今天上了哪些课？在适当的空格内打√号。

A

B
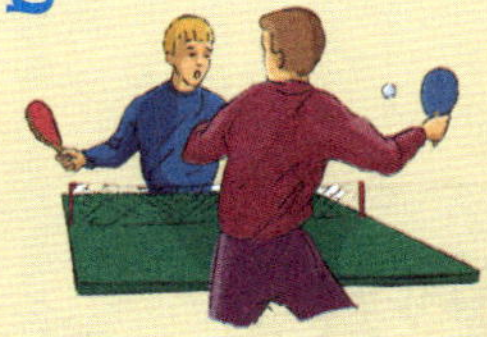

C

D

E

F

G

H

10. 上学的方式

Q: 他们怎么上学？在适当的空格内打√号。

A

B

C

D

E

	A	B	C	D	E
30人					
20人					
10人					
25人					
15人					

*11. 晚饭后的活动

(a)他调查了多少人？在适当的空格内打√号。

30		50	
40		60	

(b)晚饭后大家做些什么？在适当的空格内打√号。

A

B

C

D

E

	A	B	C	D	E
35%					
30%					
25%					
10%					

12. 我家的房子

Q: 她家的房子什么样？在适当的空格内打√号。

A

B

C

A	
B	
C	

13. 爱好

Q: 他喜欢什么？在适当的空格内打√号。

A

B

C

D

14. 运动

A

B

C

D

E

F

G

Q: 他们喜欢什么样的运动？选择正确答案，填在空格内。

小莉	
小刚	
小华	
我	

15. 旅游前的准备

Q: 他旅游前做些什么准备？在适当的空格内打√号。

A

B

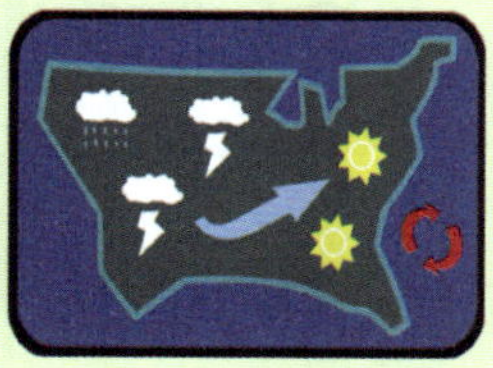

C

D

E

F

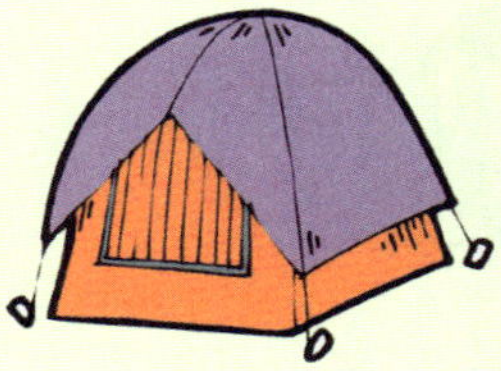

G

H

16. 我的新家

A

B

C

D

E

F

G

Q: 新家的周围有些什么？选择正确答案，填在空格内。

东面		北面	
西面		南面	

17. 生病

Q: 医生让他做什么？在适当的空格内打√号。

A

B

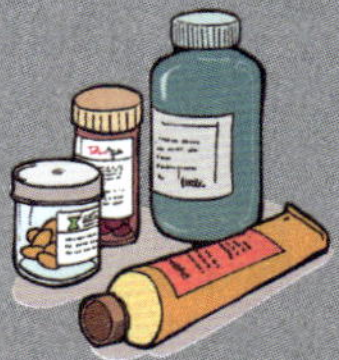

C

D

E 

F 

G 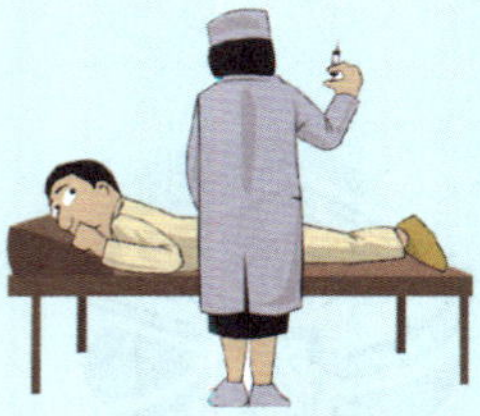

18. 公园里的人们

Q: 人们在公园里做什么？在适当的空格内打√号。

A 

B 

C 

D 

E 

F 

G 

19. 新朋友的故乡

Q: 小城的周围有什么？选择正确答案，填在空格内。

A 

B 

C 

D 

E

F

东	
南	
西	
北	

20. 星期天

A

B

C

D

E

F

G

H

Q: 她在星期天做什么？选择正确答案，填在空格内。

上午	
下午	
晚上	

21. 买票

(a)他要去哪里？在适当的空格内打√号。

A: 苏格兰	B: 伦敦	C: 上海	D: 欧洲

(b)他买的是什么票？在适当的空格内打√号。

A: 汽车往返票	B: 汽车单程票	C: 火车往返票	D: 火车单程票

(c)他花了多少钱？在适当的空格内打√号。

A: £19.99	B: $9.99	C: £9.99	D: $19.99

*22. 喜欢的衣服

A

B

C

D

E

F

Q: 她们喜欢穿什么？选择正确答案，填在空格内。

丽丽		妹妹	

23. 自我介绍

Q: 他们的家在哪里？在适当的空格里打√号。

	小明	John	Tina
广州			
上海			
纽约			
北京			
伦敦			
东京			

24. 今天和明天的天气

A

B

C

D

E

F

Q: 今天和明天的天气怎么样？选择正确答案，填在空格内。

今天	
明天	

25. 端午节

Q: 她喜欢端午节的哪些活动？在适当的空格内打√号。

A

B

C

D

E

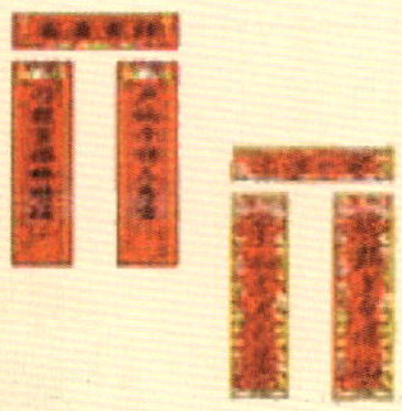

F

G

2. Listening Practice : Conversations

1. 暑假

Q: 小华暑假里做什么？在适当的空格内打√号。

A

B

C

D

E

F

G

2. 节日

(a)玛丽去过中国几次？

在适当的空格内打√号。

A: 1 次	
B: 2 次	
C: 3 次	
D: 4 次	

(b)玛丽在中国过了哪些节日？

在适当的空格内打√号。

A: 春节	
B: 端午节	
C: 圣诞节	
D: 中秋节	

3. 什么地方

Q: 他们在什么地方？在适当的空格内打√号。

A

B

C

D

*4. 城市博物馆

Q: 博物馆的各个展厅里都放着什么？选择正确答案，填在空格内。

A

B

C

D

由西向东

5. 家和环境

Q: 他们喜欢什么样的房子？选择正确答案，填在空格内。

A

B

C

D

小明		小华		小刚	

6. 旅行

Q: 他们的旅行有什么安排？在适当的空格内打√号。

(a)旅行时间　　(b)飞机的起飞时间　　(c)小华想去哪里？

A: 1 天		A: 4 点		A: 博物馆	
B: 4 天		B: 6 点		B: 天安门广场	
C: 6 天		C: 9 点		C: 动物园	
D: 9 天		D: 10 点		D: 纪念品商店	

7. 朋友的照片

(a)他们多大了？在适当的空格内打√号。

	11	12	13	14	15
Peter					
John					

(b)他们喜欢什么？选择正确答案，填在空格内。

A

B

C

D

E

F

G

H

Peter	
John	

8. 生活习惯

A

B

C

D

E

F

Q: 他们有哪些不好的生活习惯？选择正确答案，填在空格内。

小林	
小马	

9. 端午节

A

B

C

D

Q: 他们在端午节做什么？选择正确答案，填在空格内。

云云	
明明	

10. 北京的秋天

Q: 北京秋天的天气怎么样？在适当的空格内打√号。

*11. 圣诞晚会上的衣服

Q: 他们穿什么衣服去参加圣诞晚会？选择正确答案，填在空格内。

美美		明明	

12. 购物

A

B

C

D

E

F

G

H

Q: 他们买了什么？选择正确答案，填在空格内。

丽丽		明明	

13. 香港的夏天

(a)美美喜欢香港的什么？在适当的空格内打√号。

A

B

C

D

E

F

(b)小明喜欢在夏天做什么？在适当的空格内打√号。

A

B

C

D

E

F

(c)香港夏天的气温多少度？在适当的空格内打√号。

A: 10℃	
B: 20℃	
C: 30℃	√
D: 40℃	

14. 小妹妹

(a) Christine 的小妹妹多大了？在适当的空格内打√号。

A: 3个月		B: 6个月		C: 9个月	

(b) 她的头发是什么颜色？在适当的空格内打√号。

A: 棕色		B: 黑色		C: 金色	

(c) 她喜欢什么动物？在适当的空格内打√号。

A: 小猫		B: 熊猫		C: 小狗	

15. 这个星期的计划

A

B

C

D

E

F

G

H

Q: 他们这个星期有什么计划？选择正确答案，填在空格内。

爸爸	
妈妈	
哥哥	
妹妹	

16. 比赛

(a)他们说的是什么比赛？在适当的空格内打√号。

A

B

C

(b)地点在哪里？在适当的空格内打√号。

A 

B 

C 

(c)从什么时候开始？在适当的空格内打√号。

A: 11月13号	B: 10月20号	C: 11月3号

(d)什么时候登记？在适当的空格内打√号。

A: 10月10号之前	B: 11月3号之前	C: 10月20号之前

(e)多少钱一张票？在适当的空格内打√号。

A: £1	B: £2	C: £5

17. 在教室里

A 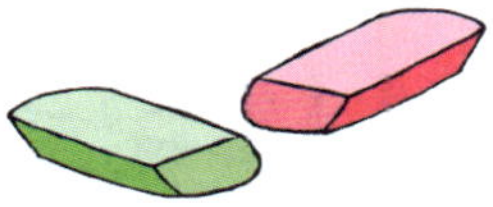

B 

C 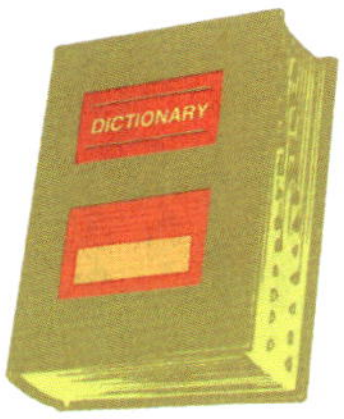

D 

E
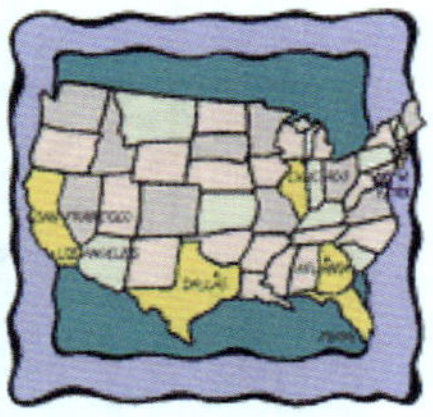
F

G

H

Q: 他们有什么？选择正确答案，填在空格内。

大伟		玛丽	

18. 健康和饮食

Q: 他们认为怎么做对健康有好处？在适当的空格内打√号。

A

B

C

D

E

F

G

H

19. 在旅馆

Q: 他们住在几号房间？房间里什么坏了？在适当的空格内打√号。

A

B

C

D

E

F

G

H

20. 选择工作

A

B

C

D

E

F

Q: 他们想做什么工作？选择正确答案，填在空格内。

大明		大华	
美美		玛丽	

21. 我的东西不见了

(a)你听到了关于她的旅行包的什么信息？在适当的空格内打√号。

A

B

C

D

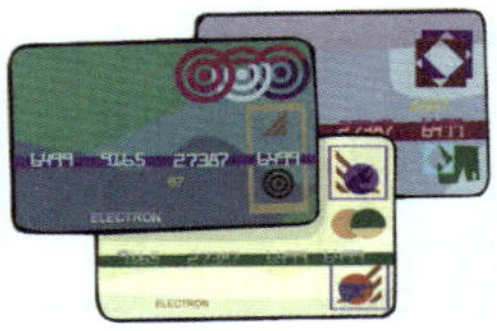

E

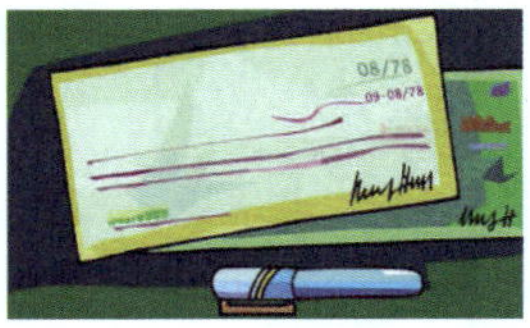

F

(b) 她的手机号码是多少？在适当的空格内打√号。

A: 13901224378	B: 13301234535	C: 13601334278
		✓

22. 汉语比赛

Q: 你听到了关于汉语比赛的哪些信息？在适当的空格内打√号。

(a) 日期

A: 星期六	B: 星期天	C: 7月28日	D: 7月30日

(b) 时间

A: 上午10点开始	B: 上午9点开始	C: 下午3点结束	D: 下午3点半结束

(c)玛丽要带什么?

A

B

C

D

23. 我住的地方

A

B

C

D

E

F

G

H

Q: 他们家附近有什么? 选择正确答案, 填在空格内。

大卫	
玛丽	
大明	
美美	

24. 北京植物园

(a)每天的开放时间是几点到几点？在适当的空格内打√号。

A: 7:30-16:30		B: 8:30-19:00		C: 8:00-18:00	

(b)票价？在适当的空格内打√号。

A: 30 元		B: 50元		C: 60 元	
学生		成人		儿童	

(c)多少人以上可以购买团体票？在适当的空格内打√号。

A: 50人以上		B: 15人以上		C: 5人以上	

(d)植物园附近有哪路车？在适当的空格内打√号。

A: 335		B: 735		C: 375	

25. 怎样旅行

A

B

C

D

E

F

Q: 他们喜欢怎样旅行？选择正确答案，填在空格内。

玛丽		小强	

3. Listening Practice : Longer Conversations and Talks

1. Examination Results

Your English friend Daming is interviewed on the radio. Tell your friends about it in ENGLISH.

(a) Daming is satisfied with his examination results in two subjects. Name them both.

(b) What are his plans after the examination? Give TWO details.

(c) Which subject is he going to study at university?

(d) How does Daming learn Chinese so well? Give TWO details.

(e) Why is Daming interested in the Chinese language? Give TWO details.

2. After Retirement

You're listening to an interview. Answer the following questions in ENGLISH.

(a) What did Mr. Liu do before retirement?

(b) What does he do in the morning? Give TWO details.

(c) What does he do in the afternoon? Give TWO details.

(d) How does he spend the weekends? Give TWO details.

(e) Does he enjoy his life after retirement? Why? Give TWO details.

3. On Board the Flight

Daming and Meimei are two Chinese high school students studying in the UK. They're chatting on the flight back to China for the summer holiday. Answer the following questions in ENGLISH.

(a) What does Daming fancy to eat after he's back in China? Give TWO reasons for his choice.

(b) What does Meimei want to eat after she's back in China? Give TWO details.

(c) Why does Meimei walk to her school instead of cycling? Give TWO details.

(d) Why does Daming have to cycle to school?

(e) How often does Daming work each week?

(f) When is the busiest time for his work? Why?

*4. Shopping in Hong Kong

Xiaoli is a university student and she works as a tour guide for the Hong Kong Travel Agency in the summer holiday. She is briefing some tourists about shopping in Hong Kong. Answer the following questions in ENGLISH.

(a) What is Xiaoli's subject at university?

(b) What public transportation is available near many of the big shops in Hong Kong? Give TWO examples.

(c) Name THREE of the goods that Xiaoli recommends.

(d) What are the working hours of the shops in Hong Kong?
(e) For how many days do most of the shops close for the Chinese New Year?
(f) Name TWO ways of payment when purchasing goods.

5. Travelling

You are listening to a radio interview. Now answer the following questions in ENGLISH.
(a) How old is Xiao Zhang?
(b) When did he start to be interested in travelling?
(c) Why couldn't he do a lot of travelling after he started secondary school?
(d) Where did Xiao Zhang travel after he graduated from secondary school? Give THREE examples.
(e) According to Xiao Zhang, what are the advantages of travelling? Give THREE details.
(f) What is Xiao Zhang's plan for this autumn?

6. An Interview with a Children's Novelist

You're listening to an interview with a children's novelist. Now answer the following questions in ENGLISH.
(a) What did the guest speaker do before she became a writer?
(b) When did she start to write short stories?
(c) What are the readers' responses to her stories in their letters? Give TWO details.
(d) How many novels has she published?
(e) What is her current novel about? Give details.
(f) Which novel has been adapted as a film? When will it be shown?

*7. The Small City where My Grandparents Live

You're going to hear a Chinese student talking about his trip to the small city where his grandparents live. Answer the following questions in ENGLISH.

(a) For how long hadn't he seen his grandparents?
(b) How has the transportation changed over the years? Give details.
(c) What was the place like in the past? Give THREE details.
(d) What is the place like now? Give THREE details.
(e) Why does he feel that his grandparents' life after retirement is more interesting?

8. Wishing You Good Health

You're going to hear a radio programme on health. Answer the following questions in ENGLISH.
(a) How old is Li Gang? What is his health problem? What does the host suggest is the cause of the problem?
(b) How old is Zhang Li? What is her health problem? What might be the cause?
(c) How old is Wang Qiang? What is his health problem? What might be the cause?
(d) How old is Zhao Jie? What job does he have?
(e) What does Zhao Jie do to keep healthy? Give TWO details.

4. Transcript and Keys

Listening Practice 1: Statements

1. 我的房间

我的房间很大。房间里有床、书桌、电脑和衣柜。我的房间很漂亮，我很喜欢我的房间。
ADEG

2. 购物

这个周末，我的朋友小红想去商店看看有没有好听的新唱片，小明想去书店看看有没有新书，小李想买一台收音机，听电台的歌。

小红	A
小明	F
小李	D

3. 我的家庭

我叫李明，我家有四口人。我爸爸是司机，妈妈在医院工作。我姐姐是个作家，在家写小说。我在上大学。

爸爸	A
妈妈	B
姐姐	F
我	C

4. 在北京

我一到北京，就去找我的朋友大伟。第二天，我们去了长城。第三天，我们去看电影。第四天，我们去百货公司购物。

第一天	B
第二天	A
第三天	D
第四天	C

5. 我的好朋友

我有很多好朋友。大明喜欢打篮球，小丽喜欢看小说，彼得喜欢玩电脑，我最喜欢旅游。

大明	D
小丽	B
彼得	E
我	F

6. 去超市

我和妈妈昨天在超市里买了鸡蛋、水果和面包。ABE

7. 在饭店吃饭

昨天我们在一个饭店吃饭。妈妈要了鱼，爸爸要了牛肉，我要了我最喜欢的面条。我们还喝了中国茶。

DEFH

8. 生日礼物

我叫玛丽。今天是我的生日。爸爸送给我一辆自行车，妈妈送给我一块手表，哥哥送给我一个照相机，弟弟送给我一张唱片。我很喜欢这些礼物。

爸爸	C
妈妈	D
哥哥	A
弟弟	E

9. 今天的课

今天上午我们有音乐、地理、数学和电脑课，下午有化学课。 ACDEF

10. 上学的方式

各位同学，根据我的统计，我们年级有30个同学坐公共汽车上学，20个同学坐地铁，10个同学坐爸爸妈妈的车来学校，25个同学骑自行车，15个同学走路上学。

	A	B	C	D	E
30人					√
20人	√				
10人				√	
25人		√			
15人			√		

*11. 晚饭后的活动

我调查了50位邻居、朋友和同学晚饭后的活动，发现35%的人晚饭后看电视，30%的人看书、学习，25%的人和家人一起打牌，只有10%的人在晚饭后散步。

(a)

30	
40	
50	√
60	

(b)

	A	B	C	D	E
35%			√		
30%				√	
25%		√			
10%	√				

12. 我家的房子

我家的房子很大，一共有两层。第一层有一个大客厅、一个厨房和一个厕所，二层有三个房间，一个是我的房间，还有两个房间分别是爸爸妈妈的书房和卧室。

A

13. 爱好

我叫张强，48岁，喜欢跑步，喜欢喝红酒，每天跑步一个小时，喝一小杯红酒。

BD

14. 运动

我和朋友们都很喜欢运动。小莉喜欢划船，小刚爱好网球，小华喜爱游泳，我喜欢体操。

小莉	B
小刚	C
小华	E
我	A

15. 旅游前的准备

我是王凯，每次旅游以前，我都要看一看那个地方的地图，上网找那个地方的介绍，听天气预报，准备好衣服。

BCDH

16. 我的新家

我的新家东面有一个大湖，湖边有很多树，湖面上有很多水鸟。我家的西面是运动场，去那儿运动的人很多。北面是图书馆，南面是一个超级市场。

东面	D
西面	G
北面	E
南面	B

17. 生病

我昨天觉得很不舒服，看了医生以后，医生说我发烧了，他让我吃药、多喝水，躺在床上休息。

ABD

18. 公园里的人们

公园里有的人在打太极拳，有的人在跑步，有的人在唱歌，还有的人在看书。

ACDF

19. 新朋友的故乡

我的新朋友玲玲来自一个美丽的小城。小城的东面有一个很大的湖。南面是美丽的森林。小城的西面和北面是一座有名的山，山上风景很美。

东	D
南	B
西	A
北	A

20. 星期天

今天是星期天，我上午去看了一个关于中国艺术的展览，下午去了图书馆，晚上给在美国的爸爸妈妈写明信片。

上午	C
下午	H
晚上	D

21. 买票

昨天我去火车站，买了去苏格兰的往返票，一共花了19镑99。

(a) A (b) C (c) A

22. 喜欢的衣服

我叫丽丽，我喜欢穿裙子，长裙、短裙都喜欢。我妹妹喜欢穿牛仔裤。

丽丽	A
妹妹	D

23. 自我介绍

小明：我叫小明，我是中国人，我家住在广州。

John：我叫John，我是美国人，我家住在纽约。

Tina：我叫Tina，我是英国人，我家住在伦敦，欢迎大家来玩。

	小明	John	Tina
广州	√		
上海			
纽约		√	
北京			
伦敦			√
东京			

24. 今天和明天的天气

今天刮大风，天气很阴，后来还下了点雪。但是天气预报说明天天气比今天好。明天有太阳，但是还有风。

今天	BDE
明天	CE

25. 端午节

我叫玛丽，特别喜欢中国的端午节，舞狮、划龙舟、吃粽子，这些都太有意思了。

CDF

Listening Practice 2: Conversations

1. 暑假

小明：小华，你暑假里做什么？

小华：除了学习，我还要运动。

BC

2. 节日

小明：玛丽，你觉得在中国过节有意思吗？

玛丽：很好玩。我到过中国两次。第一次是去北京过春节。第二次去中国的时候，是中秋节。

(a)B (b) A D

3. 什么地方

小华：4路车怎么还没有来？

小明：好像晚点了。别着急，10分钟后应该还有一班车呢。

B

4. 城市博物馆

小明：请问，你们的博物馆一共有几个展厅？

管理员： 三个。

小明：这三个展厅有什么不同？

管理员：西边这个展厅介绍这座城市的历史，里面有很多古代的人用过的东西，比如衣服、碗、盘子什么的。东边的展厅里放着一个电视机，介绍科学知识。中间的展厅最大，介绍本地的动物和植物。

B	D	A

5. 家和环境

小华：小明，你喜欢什么样的房子？

小明：我喜欢住高的楼房。你呢，小华？

小华：我喜欢平房。你呢，小刚？

小刚：什么样的房子不重要，我只想离足球场近一些。

小明	D
小华	A
小刚	C

6. 旅行

小华：妈妈，我们在北京住几天？

妈妈：旅行社给我们安排了四天。

小华：那我们明天什么时候出发？

妈妈：我们的飞机上午9点就起飞，所以我们很早就要起床。你最想在北京做什么？

小华：我想去看天安门广场。

(a) B (b) C (c) B

7. 朋友的照片

小刚：小丽，这张照片里的人都是你朋友吗？

小丽：是的。左边的叫Peter，15岁，很喜欢书法。他手里拿的是他的书法作品。

小刚：他的书法真漂亮！右边的那个呢？

小丽：他是John，他比Peter小两岁，常和我一起下棋。

(a) Peter 15; John 13 (b)

Peter	B	John	E

8. 生活习惯

小林：我叫小林，妈妈说我的生活习惯不好，吃完饭就看电视，很少活动。

小马：我叫小马，特别爱吃甜食，我应该少吃甜食。

小林	A
小马	B

9. 端午节

明明：云云，端午节你们都做什么？

云云：我跟爸爸妈妈去划龙舟。

你呢，明明？

明明：妈妈给我们包粽子，我们喜欢吃粽子。

云云	B
明明	D

10. 北京的秋天

小明：北京的秋天天气真好啊！气温不高也不低，大概23度。

小丽：是啊，而且北京的秋天不下雨，阳光很充足。

小明：所以许多外国人和中国人都在秋天去北京旅游。

CD

*11. 圣诞晚会上的服装

明明：美美，圣诞晚会上你要穿什么样的衣服？

美美：我要穿新买的裙子，它是一条蓝色的裙子，上面有几朵花。你穿什么呢，明明？

明明：妈妈给我买了一套蓝色的西服，配有一个黑色领结，我就穿它们去参加圣诞晚会。

美美	A	明明	G

12. 购物

明明：丽丽，你买了什么？

丽丽：我买了一条裙子和一件衬衣。
你买了什么，明明？

明明：我买了一双网球鞋和一副球拍。

丽丽：你喜欢打网球吗？

明明：很喜欢。

丽丽	CG	明明	DE

13. 香港的夏天

小明：美美，你来香港多久了？

美美：有两个月了。

小明：你喜欢香港吗？

美美：喜欢，我喜欢香港的水果。我也喜欢香港的商店，可以买到很多很好的东西。但是现在正是夏天，天气可真热。你喜欢在夏天做什么，小明？

小明：香港的夏天气温有30度。我喜欢晚上去海边散步，或者去咖啡店喝冷饮。

(a) DF (b) CE (c) C

14. 小妹妹

明明：Christine，你的妹妹很可爱。

Christine：我的妹妹有九个月大了，她的头发很黑。她特别喜欢小狗，每次见到小狗她都会很高兴。

(a) C (b) B (c) C

15. 这个星期的计划

妹妹：哥哥，这个星期爸爸要去中国，妈妈也去吗？

哥哥：妈妈不去，她的公司要开会。

妹妹：那你这个星期有什么计划？

哥哥：我们学校下个星期有一个中文歌曲的比赛，我要练习。你呢？

妹妹：我要复习，准备考试。

爸爸	A
妈妈	E
哥哥	B
妹妹	D

16. 比赛

大明：小芬，你知道绘画比赛的作品在哪儿展出吗？

小芬：在学校的礼堂，从11月3日开始。如果你想去的话，在10月20日以前找大伟登记。

大明：好。我记得是每张票两镑，是吗？

小芬：是。

(a)B (b)B (c)C (d)C (e)B

17. 在教室里

玛丽：大伟，你有铅笔吗？

大伟：没有，但是我有钢笔。玛丽，那是你的地图吗？

玛丽：是。

大伟	G
玛丽	E

18. 健康和饮食

玛丽：为了健康，我现在不吃甜点了。

大明：我觉得应该多运动。

美美：我认为应该多吃蔬菜和水果。

彼得：还有，多吃谷类食品。

ABEFG

19. 在旅馆

张先生：喂，是服务台吗？我们房间的空调坏了。很热。

服务台：请问您住几号房间？

张先生：304。还有，房间里的灯有一个也是坏的。我们想换一个房间。

ABD

20. 选择工作

美美：大明，你喜欢当老师吗？

大明：我不喜欢当老师，我想当电脑工程师。美美，你呢？

美美：我决定了，我要当律师。大华，你呢？

大华：我想去不同的国家做英语老师。玛丽，你呢？

玛丽：我特别想成为一名职业运动员。

大明	D
美美	B
大华	A
玛丽	C

21. 我的东西不见了

工作人员：你好！

小丁：你好！我的旅行包不见了。

工作人员：您的旅行包什么样子？

小丁：红色的，很大。

工作人员：您的包里有什么？

小丁：有很多东西，我的护照、旅行支票和信用卡。

工作人员：您给我们留一个电话号码吧。

小丁：我的手机号码是13601334278。

工作人员：别着急，如果我们发现了您的旅行包，我们会和您联系的。

(a) ABDE (b)C

22. 汉语比赛

玛丽：您好！我是来报名参加汉语比赛的。

工作人员：欢迎！你叫什么名字？

玛丽：我叫玛丽。

工作人员：这个比赛7月28日星期天早上9点在礼堂开始，到下午3点半结束。

玛丽：我要带什么东西吗？

工作人员：你要带纸和笔，还有你自己的书法作品。

(a) BC (b) BD (c) BCD

23. 我住的地方

我是大卫，我家附近有一个百货公司。

我是玛丽，我家前面就是一个大体育馆。

我是大明，从我家去最近的地铁站，只要五分钟。

我是美美，从我家走路10分钟，就到了一片美丽的海滩。

大卫	H
玛丽	B
大明	G
美美	A

24. 北京植物园

大明：请问植物园每天的开放时间是几点到几点？

工作人员：早上8点半到下午7点。

大明：门票多少钱？

工作人员：成人60元，儿童30元，如果你是学生，50元。

大明：我们一共有5个人，可以买团体票吗？

工作人员：团体票必须要15个人以上。

大明：请问植物园附近有公共汽车吗？

工作人员：有，375路。

(a)

A: 7:30-16:30	
B: 8:30-19:00	√
C: 8:00-18:00	

(b)

学生	B
成人	C
儿童	A

(c)

A: 50人以上	
B: 15人以上	√
C: 5人以上	

(d)

A: 335	
B: 735	
C: 375	√

25. 怎样旅行

小强：玛丽，你觉得怎样旅行最有意思？

玛丽：我喜欢和朋友一起骑自行车旅行。你呢，小强？

小强：我喜欢走路，这样就可以看到更多的风景。不过，如果是去草原，最好还是骑马。

玛丽	C
小强	AE

Listening Practice 3: Longer Conversations and Talks

1. Examination Results

记者：英国高等程度会考的成绩今天公布了。大明，请你告诉大家你哪些科目考得比较好？

大明：我觉得我的中文考得不错，历史也还可以。

记者：考试以后你想 做什么呢？

大明：我要去中国教英文。我想用一年的时间了解中国的文化。然后我再去上大学。

记者：你在大学想学什么专业？

大明：中国历史或者中国艺术。

记者：中文很难，请问你是怎么学习中文的？

大明：我经常和中国朋友一起聊天，我也喜欢看中文电影。

记者：那请问你为什么对中文感兴趣呢？

大明：因为我的妈妈是中国人，我爸爸中文说得也很好。

(a) Chinese and history.

(b) He will teach English in China for a year, and then he's going to university.

(c) Chinese history or Chinese art.

(d) He often chats with Chinese friends, and he likes Chinese films.

(e) Because his mother is from China and his father also speaks good Chinese.

2. After Retirement

老年人退休以后的生活是什么样的呢？今天我们采访到了刘老先生，请他谈谈退休以后的生活。

主持人：刘老先生，请问您退休以前做什么工作？

刘老先生：我以前在一家博物馆工作，很忙。

主持人：那您退休以后的生活是怎样的呢？

刘老先生：每天早上，我和朋友们去游泳，然后回家看书。中午吃完饭后休息一个小时，睡醒后看看电视。

主持人：周末呢？

刘老先生：周末我的女儿和儿子回来和我们一起吃饭，有时候我带着孙子去动物园或者博物馆。

主持人：您喜欢您现在的生活吗？

刘老先生：我很喜欢。现在的生活不太忙，我的身体也比工作的时候好多了。

(a) He used to work in a museum.

(b) He swims with friends and then does some reading.

(c) He rests for an hour and watches television afterwards.

(d) At the weekends, his daughters and sons have a meal with him at home. Sometimes, he also takes his grandson to the zoo or museum.

(e) Yes, because his life after retirement is not very busy and his health has improved.

3. On Board the Flight

美美：大明，你回中国以后最想吃什么？

大明：我想吃中国的海鲜，英国的海鲜没有中国的好吃，也很贵。美美，你呢？

美美：我最想吃中国的小吃，我还想吃饺子。好久没吃了，特别想吃。

大明：你在英国骑自行车吗？

美美：我有自行车，但很少骑。虽然我的家离我的学校不是很近，但路上风景很好，所以我走路去，既可以看风景，也可以运动。你呢？

大明：我骑自行车。因为我上完课以后要去超市打工。超市离我的学校很远。

美美：你每天都去超市吗？

大明：不是，我星期一、三、五去。

美美：超市里工作忙吗？

大明：还可以，但星期五比较忙，因为第二天是周末。

(a) He wants to have some seafood in China because seafood in the UK is very expensive and not as tasty as in China.

(b) Snacks and dumplings.

(c) She can enjoy the scenery along the way and, at the same time, exercise her body by walking.

(d) Because he works in a supermarket after school and the supermarket is far away from his school.

(e) Three times.

(f) Friday is busiest because of the weekend.

4. Shopping in Hong Kong

大家早上好！我叫小丽，是香港大学地理系的学生。现在学校放暑假，所以我在旅行社打工。欢迎大家来到香港旅游和购物。

香港是著名的购物天堂，有很多大商场，商场附近都有地铁站、公共汽车站，交通很方便。很多商品都很好，价格也便宜，比如衣服、鞋子、照相机、手表等等，一定会给您带来难忘的购物乐趣。

在香港，除了过中国新年的时候，所有商店每星期七天都开门，从早上10点到晚上10点。中国新年的时候，很多商店都休息三天。购物可以用现金或者信用卡。

(a) Geography.

(b) Underground or bus.

(c) Clothes, shoes, cameras and watches.

(d) The shops are open from 10 a.m. to 10 p.m.

(e) During Chinese Spring Festival, shops are closed for three days.

(f) Customers can pay by credit card or cash.

5. Travelling

主持人：各位听众，今天的嘉宾是一位20岁的年轻人，小张。小张，请问你是什么时候开始喜欢旅游的？

小张：大约是上小学的时候吧。

主持人：上中学以后还经常去旅游吗？

小张：学习太忙，没有时间去旅游。两年前我中学毕业，就开始旅游。

主持人：这两年你都去了哪些地方？

小张：去了中国的很多地方，前年和去年夏天还去了新加坡和印度。

主持人：你觉得旅游有什么好处？

小张：太多了。生活更有意思了，身体也更健康了，而且还学到了很多东西，能了解各地的风俗和文化。

主持人：你今后有什么打算？

小张：今年秋天我要上大学了。

(a) 20 years old.

(b) When he was a primary school student.

(c) He was too busy with his studies.

(d) Many places in China, Singapore and India.

(e) It makes life more interesting, one's health is improved and one learns a lot of things, including the customs and culture of various places.

(f) Go to university.

6. An Interview with a Children's Novelist

主持人：各位观众，今天节目的嘉宾是一位非常成功的小说家，杨女士。

女作家：大家好！

主持人：杨女士，您以前当过老师吧？

女作家：是。

主持人：那您什么时候开始写小说的？

女作家：8年前。孩子们给我写信，说他们很喜欢我的小说，还问我很多问题。

主持人：您一共写了多少部小说？

女作家：很多了。九部吧，现在正在写第十部。

主持人：说一说您正在写的小说吧。

女作家：这部小说讲三个孩子暑假去一个很远的地方度假，发生了很多有意思的事情。我想今年冬天写完。

主持人：听说您的第一部小说要拍成电影，是吗？

女作家：对。孩子们明年春天就可以看到这部电影了。

(a) She was a teacher.

(b) 8 years ago.

(c) The readers like the stories very much and they also ask her many questions.

(d) Nine.

(e) It's about three children who go to a distant place for the summer holiday and the many interesting incidents that take place. She intends to finish it this winter.

(f) The first novel. Next spring.

*7. The Small Town where My Grandparents Live

我是李华，16岁。今年春节，我和爸爸、妈妈一起去看爷爷、奶奶。我有五年没有见他们了。他们住在一个小城。小城这几年的变化真大啊。以前，没有火车，所以我们只能坐汽车。但现在乘火车就可以到。还有，5年前，小城的边上还有一个工厂，但是没有超市，也没有剧院。现在，工厂不见了，原来的地方建了一座漂亮的剧院。小城里还有了两个大超市，城市中间的广场成了人们饭后休息的好地方。更让我高兴的是，小城有了老年人的学校，爷爷和奶奶退休后的生活也变得更有意思了。

(a) Five years.

(b) They used to take coach. But now they can take the train.

(c) There used to be a factory near the small city. But there was no supermarket and theatre.

(d) The place where there used to be a factory has changed to a theatre; there are now two supermarkets in the town; and there is a square in the city where people can take a rest after meals.

(e) Because there is a school for old people in the small city.

8. Wishing You Good Health

主持人：欢迎大家来到“健康每一天”。现在我想问问到场的4位嘉宾，你们多大了？还有，你们身体怎么样？

李刚：我是李刚，今年42岁。我经常觉得累，也不知道为什么。

主持人：您是电脑工程师，所以我觉得您的问题可能是因为您经常在电脑前工作。

张丽：我是张丽，刚满20岁。我的眼睛经常疼，可能是看书看多了。

王强：我是王强，30岁。我也觉得累，医生说是因为我抽烟喝酒太多。

赵杰：我是赵杰，60岁，刚退休。我每天运动，多吃蔬菜和水果，身体很健康。

主持人：对，我们现在每个人工作学习都很忙，所以我们更要懂得关爱自己，养成好习惯。

(a) 42 years old. He always feels very tired. The host suggests that he might sit in front of the computer for too long.

(b) Zhang Li is 20 years old. She often suffers from her eyes feeling painful. Perhaps it is because she reads too much.

(c) Wang Qiang is 30 years old. He also feels tired and his doctor suggests it's because he smokes and drinks too much.

(d) He's 60 years old and he's retired.

(e) He does sports every day and he eats fruits and vegetables.

Part Two Speaking

The speaking paper lasts 8-12 minutes and you will take part in three conversations with the examiner. Generally speaking, your conversation topics will be drawn from the following four topic themes/areas:

Topic 1 In the UK and Abroad

Topic 2 Education, Training and Employment

Topic 3 House, Home and Daily Routine

Topic 4 Media and Social Activities

Conversation 1: You can choose the first conversation topic from the above four main topic areas.

Conversation 2 and 3: The second and the third topic will be allocated on a random basis as prescribed by Edexcel and these will be different from your first one.

Examination Techniques

- Speaking strategies may include:

  To answer questions that you're not familiar with
  To get involved in more abstract topics
  To expand your answers
  To clarify your meaning

- Speaking skills may include:

  Expressing yourself clearly
  Expressing yourself logically
  Learning new vocabulary
  Having alternative ways of saying something
  Using vocabulary accurately
  Using different words for different settings
  Good grammar
  Accurate pronunciation
  Correct stress and tone
  Attention to rhythm

Preparations before the Exam

- Read extensively.
- Try to improve your vocabulary. You can prepare a small notebook writing down the new words you encounter and refer to them from time to time. Try to group your vocabulary into different themes.
- Try to improve your pronunciation, including pronunciation of single characters, rhythm, tones, etc. You can choose a textbook with cassettes or CDs and repeat after the recording regularly; you can also record your own reading and conversation, listening later for flaws. You should get into the habit of consulting with a dictionary, not only for the meaning of a character, but also its pronunciation
- Have a learning plan, including whether you need to improve your vocabulary, whether you need to improve your pronunciation, what speaking strategies/skills you need to practice, etc.
- Before making the learning plan, try to find out about the content of the examination, including:

  Length
  Parts of the exam
  Requirement for each part
  Possible topics for each part
  Instructions given by the examiner
  Marking scheme

- Choose some articles with similar themes to the topic area of the exam, and read them aloud.
- Choose appropriate resources (Chinese radio, television, websites, textbooks, etc.).
- Find a language partner.

When Taking the Exam

- The examiners are not only interested in any grammatical mistakes you may make in what you are saying. They pay a lot of attention to whether you can express your ideas clearly.
- Try to say as much as you can. Don't give up easily.
- Stay calm when you are asked questions that you are not familiar with.
- Some examinees tend to recite what they have prepared if they find the question is similar to or even the same as one thy have prepared. Try not to do that. When preparing topics, you need try to prepare them in your own words.
- Do NOT simply say 'yes' or 'no' as an answer to the question asked by the examiner. Try to expand your answer.
- Pay attention to eye contact!
- Do not hurry to answer the question. Wait until the examiner finishes and think for a few seconds before speaking.
- Pay attention to your voice and speed. Don't worry about pauses; they are often not really as long as you think.

Sample Questions and Answers

Please note that the following answers to the questions are purely provided as suggestions. Readers are strongly encouraged to think of their own possible answers, as well as other possible questions in each topic area.

1. In the UK and Abroad

shàng gè zhōu mò tiān qì zěn me yàng
1. 上个周末天气怎么样？

shàng gè zhōu mò tiān qì tǐng hǎo de, tài yáng chū lai le
上个周末天气挺好的，太阳出来了。

shàng gè zhōu mò tiān qì hái bú cuò, dàn shì tài rè le
上个周末天气还不错，但是太热了。

shàng gè zhōu mò tiān qì bú tài hǎo, yǒu diǎnr yīn
上个周末天气不太好，有点儿阴。

shàng gè zhōu mò tiān qì bù hǎo, xià dà yǔ, hái yǒu fēng
上个周末天气不好，下大雨，还有风。

yīng guó měi gè jì jié de tiān qì zěn me yàng
2. 英国每个季节的天气怎么样？

chūn tiān de tiān qì tǐng hǎo, yǒu dà tài yáng, bǐ jiào nuǎn huo. dàn shì jīn nián hǎo xiàng yǒu diǎnr lěng
春天的天气挺好，有大太阳，比较暖和。但是今年好像有点儿冷。

xià tiān wǒ yě hěn xǐ huan, bú shì hěn rè
夏天我也很喜欢，不是很热。

qiū tiān bǐ jiào gān zào, dàn jǐng sè hěn piào liang
秋天比较干燥，但景色很漂亮。

dōng tiān jīng cháng xià yǔ, hěn lěng, yě hěn cháng. wǒ bù xǐ huan dōng tiān
冬天经常下雨，很冷，也很长。我不喜欢冬天。

NOTE: The teacher might also ask about the weather in the UK in general. How would you answer such a question?

nǐ shì zài nǎr chū shēng de
3. 你是在哪儿出生的？

zài zhōng guó. wǒ shì wǔ suì lái yīng guó de. wǒ hěn xǐ huan yīng guó
在中国。我是五岁来英国的。我很喜欢英国。

wǒ chū shēng zài yīng guó. wǒ bà ba shì yīng guó rén, mā ma shì zhōng guó rén
我出生在英国。我爸爸是英国人，妈妈是中国人。

nǐ men jiā qìng zhù zhōng guó de jié rì ma
4. 你们家庆祝中国的节日吗?
wǒ jiā měi nián dōu guò zhōng guó de chūn jié hé zhōng qiū jié
我家每年都过中国的春节和中秋节。
chūn jié shì zhōng guó nóng lì xīn nián wǒ men chī jiǎo zi hái kàn zhōng guó de chūn jié wǎn huì
春节是中国农历新年,我们吃饺子,还看中国的春节晚会。
zhōng qiū jié shì yì jiā rén zài yì qǐ de rì zi wǒ men chī yuè bǐng kàn yuè liang
中秋节是一家人在一起的日子,我们吃月饼,看月亮。

NOTE: What other traditional Chinese festivals do you know?

nǐ men jiā qìng zhù yīng guó de jié rì ma
5. 你们家庆祝英国的节日吗?
wǒ men yì qǐ guò shèng dàn jié
我们一起过圣诞节。
shèng dàn jié de shí hou wǒ men quán jiā huì zài yì qǐ bù zhì shèng dàn shù rán hòu yì qǐ
圣诞节的时候,我们全家会在一起布置圣诞树,然后一起
dǎ kāi lǐ wù chī shèng dàn dà cān
打开礼物,吃圣诞大餐。

nǐ zhù zài nǎ li nǐ zhù de dì fang yǒu shén me gōng gòng shè shī
6. 你住在哪里?你住的地方有什么公共设施?
wǒ zhù zài lún dūn shì zhōng xīn shì qū jiāo qū yī qū zhèn zhōng xīn
我住在伦敦市中心/市区/郊区/一区/......镇中心。
wǒ jiā fù jìn yǒu chāo shì shāng chǎng gōng gòng qì chē zhàn shēng huó hěn fāng biàn
我家附近有超市、商场、公共汽车站,生活很方便。
wǒ jiā zhù zài hǎi biān
我家住在海边。
wǒ jiā zhù zài cūn zhuāng
我家住在......村庄。
wǒ zhù zài xué xiào xué xiào páng biān méi yǒu shén me shāng diàn dàn shì yǒu gōng gòng
我住在学校,学校旁边没有什么商店,但是有公共
qì chē zhàn
汽车站。

NOTE: Please do think about the area where you live.

nǐ zhù de nà ge dì qū yǒu méi yǒu shén me yǒu yì si de dì fang
7. 你住的那个地区有没有什么有意思的地方?
wǒ men zhù de dì fang lí shì zhōng xīn jìn hěn rè nao nà li yǒu diàn yǐng yuàn
我们住的地方离市中心近,很热闹。那里有电影院、
yóu yǒng chí hái yǒu hěn duō shāng diàn
游泳池,还有很多商店。
wǒ zhù de nà ge dì fang lí chéng shì hěn yuǎn suǒ yǐ hěn ān jìng
我住的那个地方离城市很远,所以很安静。
dàn wǒ men bì xū zuò chē kāi chē cái néng dào chéng lǐ mǎi dōng xi
但我们必须坐车/开车才能到城里买东西。
wǒ zhù de nà ge dì qū méi yǒu shén me yǒu yì si de dì fang dàn wǒ xǐ huan qù nàr
我住的那个地区没有什么有意思的地方,但我喜欢去那

de tú shū guǎn
儿的图书馆。

NOTE: What other public facilities can you think of in addition to those mentioned above: railway station, tube station, museum, etc.? Think as many as you can. How do you say them in Chinese?

zài nǐ zhù de dì fang nǐ hé nǐ de péng you jīng cháng qù nǎr wánr
8. 在你住的地方，你和你的朋友经常去哪儿玩儿？
wǒ zhù de dì fang yǒu yí gè yóu yǒng guǎn hái yǒu yí gè wánr huá bǎn de dì fang
我住的地方，有一个游泳馆，还有一个玩儿滑板的地方。
wǒ men jīng cháng qù nàr wánr
我们经常去那儿玩儿。
wǒ zhù de dì fang fù jìn yǒu yí gè bó wù guǎn hé yí gè měi shù guǎn wǒ men cháng qù
我住的地方附近有一个博物馆和一个美术馆，我们常去
nàr cān guān kě yǐ xué dào hěn duō dōng xi
那儿参观，可以学到很多东西。

rú guǒ yǒu zhōng guó péng you lái nǐ zhù de nà ge dì fang nǐ huì jiè shào tā men qù
9. 如果有中国朋友来你住的那个地方，你会介绍他们去
nǎr cān guān
哪儿参观？
rú guǒ yǒu zhōng guó péng you lái wǒ zhù de nà ge dì fang wǒ huì jiè shào tā men dào
如果有中国朋友来我住的那个地方，我会介绍他们到
wǒ men chéng shì de lì shǐ bó wù guǎn
我们城市的历史博物馆。
nà ge bó wù guǎn huì gào su tā men zhè zuò chéng shì de lì shǐ kě yǐ ràng wǒ de péng you
那个博物馆会告诉他们这座城市的历史，可以让我的朋友
liǎo jiě zhè zuò chéng shì
了解这座城市。

NOTE: Think of as many places as you can for a particular group of people to go to in your area, for example, whereabouts in your area would you recommend sports fans to go? What about a group of elderly people, etc.?

nǐ xǐ huan zhù zài chéng shì lǐ ma
10. 你喜欢住在城市里吗？
xǐ huan chéng shì lǐ gōng gòng jiāo tōng hěn fāng biàn mǎi dōng xi wánr xué xí
喜欢。城市里公共交通很方便，买东西、玩儿、学习，
dōu hěn fāng biàn
都很方便。
bù xǐ huan chéng shì chē duō wū rǎn lì hài yě cháng cháng dǔ chē
不喜欢。城市车多，污染厉害，也常常堵车。
yǒu de dì fang wǎn shang hěn chǎo ér qiě dà chéng shì lǐ de rén bú tài rè qíng
有的地方晚上很吵，而且大城市里的人不太热情。

NOTE: What kind of places do you prefer to live in, rural areas, remote areas or by the sea? Think about why.

nǐ xǐ huan ān jìng de jià qī hái shi xǐ huan fàng jià de shí hou qù lǚ yóu wèi shén me
11. 你喜欢安静的假期还是喜欢放假的时候去旅游？为什么？

wǒ xǐ huan ān jìng de jià qī yīn wèi shàng xué de shí hou hěn máng suǒ yǐ jià qī shì yí gè hěn hǎo de xiū xi shí jiān
我喜欢安静的假期。因为上学的时候很忙，所以假期是一个很好的休息时间。

wǒ xǐ huan qù lǚ xíng yīn wèi wǒ kě yǐ xué huì hěn duō dōng xi
我喜欢去旅行，因为我可以学会很多东西。

wǒ xǐ huan zài jià qī de shí hou qù lǚ xíng yīn wèi zài jiā lǐ dāi zhe hěn méi yǒu yì si
我喜欢在假期的时候去旅行，因为在家里呆着很没有意思。

chū qù lǚ xíng kě yǐ kàn dào bù tóng de wén huà bù tóng de rén bù tóng de jǐng sè yǒu yì si
出去旅行可以看到不同的文化、不同的人、不同的景色，有意思。

jià qī de shí hou nǐ hé bié rén yì qǐ wánr hái shi zì jǐ zài jiā
12. 假期的时候，你和别人一起玩儿还是自己在家？

jià qī de shí hou wǒ tōng cháng huì zài jiā lǐ kàn shū kàn diàn shì tīng yīn yuè bāng bà ba mā ma zuò jiā wù
假期的时候，我通常会在家里，看书、看电视、听音乐、帮爸爸妈妈做家务。

jià qī de shí hou wǒ tōng cháng huì qù lǚ xíng měi nián shǔ jià wǒ dōu huì hé bà ba mā ma yì qǐ qù hěn duō dì fang wánr
假期的时候，我通常会去旅行，每年暑假我都会和爸爸妈妈一起去很多地方玩儿。

jià qī de shí hou wǒ huì jīng cháng zhǎo wǒ de péng you men wánr tī qiú kàn diàn yǐng chī fàn guàng jiē liáo tiān tīng yīn yuè huì
假期的时候，我会经常找我的朋友们玩儿，踢球、看电影、吃饭、逛街、聊天、听音乐会。

nǐ zuì xǐ huan qù shén me yàng de dì fang lǚ xíng dù jià wèi shén me
13. 你最喜欢去什么样的地方旅行 / 度假？为什么？

wǒ zuì xǐ huan qù rén shǎo jǐng sè měi lì de dì fang dù jià yīn wèi zhǐ yǒu zài nà yàng de dì fang wǒ cái néng hěn hǎo de xiū xi
我最喜欢去人少、景色美丽的地方度假，因为只有在那样的地方我才能很好地休息。

wǒ xǐ huan qù lì shǐ yōu jiǔ de chéng shì yīn wèi zài nàr wǒ kě yǐ xué dào hěn duō lì shǐ zhī shi
我喜欢去历史悠久的城市。因为在那儿我可以学到很多历史知识。

wǒ xǐ huan qù dà chéng shì yīn wèi nàr shì gòu wù de hǎo dì fang
我喜欢去大城市，因为那儿是购物的好地方。

wǒ xǐ huan qù dí sī ní lè yuán yīn wèi zài nàr yǒu hǎo duō hǎo wánr de dōng xi
我喜欢去迪斯尼乐园，因为在那儿有好多好玩儿的东西。

nǐ xǐ huan hé shuí yì qǐ qù dù jià wèi shén me
14. 你喜欢和谁一起去度假？为什么？

wǒ xǐ huan hé péng you yì qǐ qù yīn wèi wǒ men de xìng qù hé ài hào chà bu duō
我喜欢和朋友一起去，因为我们的兴趣和爱好差不多，

kě yǐ wánr dé hěn gāo xìng
可以玩儿得很高兴。
wǒ xǐ huan hé jiā rén yì qǐ qù yīn wèi píng shí měi gè rén gōng zuò hé xué xí dōu
我喜欢和家人一起去。因为平时每个人工作和学习都
hěn máng suǒ yǐ jià qī yīng gāi quán jiā rén yì qǐ qù lǚ yóu
很忙，所以假期应该全家人一起去旅游。

nǐ qù guò nǎ xiē dì fang zuì xǐ huan nǎr shì shén me shí hou qù de
15. 你去过哪些地方？最喜欢哪儿？是什么时候去的？
wǒ qù guò sū gé lán hú qū fǎ guó zhōng guó
我去过苏格兰（湖区、法国、中国）。
wǒ zuì xǐ huan sū gé lán shì qù nián shǔ jià qù de
我最喜欢苏格兰，是去年暑假去的。

nǐ shì zuò fēi jī qù de ma duō cháng shí jiān néng dào nàr
16. 你是坐飞机去的吗？多长时间能到那儿？
duì wǒ shì zuò fēi jī zuò huǒ chē zuò dà bā kāi chē qù de dà gài xū yào
对，我是坐飞机（坐火车、坐大巴、开车）去的。大概需要
liǎng gè xiǎo shí
两个小时。

nǐ zhù zài lǚ guǎn hái shì bié de dì fang
17. 你住在旅馆还是别的地方？
nǐ zì jǐ dìng de jī piào hé lǚ guǎn ma
你自己订的机票和旅馆吗？
wǒ zhù zài bīn guǎn qīng nián lǚ shè jiā tíng lǚ shè qīn qi jiā péng you jiā
我住在宾馆（青年旅社、家庭旅社、亲戚家、朋友家）。
wǒ de péng you zài wǎng shàng lǚ xíng shè dìng de jī piào hé lǚ guǎn
我的朋友在网上（旅行社）订的机票和旅馆。

nǐ zài nàr zuò de zuì yǒu yì si de yí jiàn shì shì shén me
18. 你在那儿做的最有意思的一件事是什么？
wǒ zài nàr wánr huá shuǐ yóu yǒng shài tài yáng chī dāng dì de tè sè cài
我在那儿玩儿滑水（游泳/晒太阳/吃当地的特色菜/
cān guān yǒu míng de jǐng diǎn kàn huà jù gòu wù jiàn péng you
参观有名的景点/看话剧/购物/见朋友）。

NOTE: Please think of as many things tourists do as you can!

nǐ xǐ huan nàr de tiān qì ma
19. 你喜欢那儿的天气吗？
hěn xǐ huan nàr de tiān qì hěn hǎo tiān kōng hěn lán tài yáng hěn hǎo
很喜欢。那儿的天气很好，天空很蓝，太阳很好。
yǒu shí hou yǒu diǎnr fēng dàn bú dà hěn shū fu
有时候有点儿风，但不大，很舒服。
bú tài xǐ huan nàr de tiān qì tài rè tài lěng le
不太喜欢。那儿的天气太热（太冷）了。

nàr de rén zěn me yàng
20. 那 儿 的 人 怎 么 样？
nàr de rén hěn rè qíng jīng cháng gěi wǒ men zhǐ lù
那 儿 的 人 很 热 情，经 常 给 我 们 指 路。
nàr de rén hěn piào liang shēn cái hěn hǎo
那 儿 的 人 很 漂 亮， 身 材 很 好。
nàr de rén dōu qí zì xíng chē tā men shēn tǐ hěn hǎo hěn jiàn kāng
那 儿 的 人 都 骑 自 行 车，他 们 身 体 很 好，很 健 康。
nàr de rén gōng zuò yì diǎnr dōu bù jǐn zhāng hěn fàng sōng
那 儿 的 人 工 作 一 点 儿 都 不 紧 张，很 放 松，
dàn shì tā men zuò shì qing yǒu diǎnr màn
但 是 他 们 做 事 情 有 点 儿 慢。
nàr de rén dōu hěn máng shēng huó hěn jǐn zhāng
那 儿 的 人 都 很 忙， 生 活 很 紧 张。

nǐ xǐ huan nàr de shí pǐn ma
21. 你 喜 欢 那 儿 的 食 品 吗？
wǒ xǐ huan yīn wèi nàr de shí pǐn hěn yǒu tè diǎn hěn hǎo chī
我 喜 欢，因 为 那 儿 的 食 品 很 有 特 点，很 好 吃。
wǒ bú tài xǐ huan yīn wèi nàr de shí pǐn tài xián dàn tián le
我 不 太 喜 欢，因 为 那 儿 的 食 品 太（咸 / 淡 / 甜）了。

nǐ zài nàr yǒu méi yǒu mǎi shén me dōng xi nǐ jué de nàr shì bu shì
22. 你 在 那 儿 有 没 有 买 什 么 东 西？ 你 觉 得 那 儿 是 不 是
yí gè gòu wù de hǎo dì fang
一 个 购 物 的 好 地 方？
wǒ mǎi le hěn duō dōng xi wǒ gěi wǒ mā ma mǎi le yì tiáo wéi jīn gěi wǒ
我 买 了 很 多 东 西。我 给 我 妈 妈 买 了 一 条 围 巾，给 我
bà ba mǎi le yì fú huà gěi wǒ mèi mei mǎi le yì tiáo qún zi hái gěi wǒ de
爸 爸 买 了 一 幅 画，给 我 妹 妹 买 了 一 条 裙 子，还 给 我 的
tóng xué jì le yì zhāng míng xìn piàn
同 学 寄 了 一 张 明 信 片。
wǒ jué de nàr shì yí gè gòu wù de hǎo dì fang dōng xi hěn pián yi
我 觉 得 那 儿 是 一 个 购 物 的 好 地 方， 东 西 很 便 宜，
pǐn zhǒng yě hěn duō yǒu hěn duō yīng guó méi yǒu de dōng xi
品 种 也 很 多，有 很 多 英 国 没 有 的 东 西。
méi mǎi shén me wǒ jué de nàr bú shì mǎi dōng xi de hǎo dì fang yīn wèi nàr yǒu
没 买 什 么，我 觉 得 那 儿 不 是 买 东 西 的 好 地 方，因 为 那 儿 有
hěn duō yóu kè suǒ yǐ dōng xi hěn guì
很 多 游 客，所 以 东 西 很 贵。

nǐ qù guò zhōng guó de nǎ xiē chéng shì
23. 你 去 过 中 国 的 哪 些 城 市？
wǒ qù guò běi jīng shì qù nián qù de wǒ hái qù guò shàng hǎi hé bà ba mā ma
我 去 过 北 京，是 去 年 去 的。我 还 去 过 上 海，和 爸 爸 妈 妈
yì qǐ qù de wǒ hěn xǐ huan shàng hǎi
一 起 去 的。我 很 喜 欢 上 海。
wǒ hái méi qù guò zhōng guó dàn shì wǒ hěn xiǎng qù
我 还 没 去 过 中 国，但 是 我 很 想 去。

nǐ zài zhōng guó tōng chángdōu zuò xiē shén me
24. 你在中国通常都做些什么？

wǒ zài zhōng guó yǒu yì xiē péng you tā men qǐng wǒ chī fàn
我在中国有一些朋友，他们请我吃饭。
wǒ hé bà ba mā ma qù zhōng guó yì xiē piào liang de dì fang wánr
我和爸爸妈妈去中国一些漂亮的地方玩儿。
wǒ xǐ huan qù zhōng guó de chá guǎn nàr kě yǐ hē chá liáo tiān hěn ān jìng
我喜欢去中国的茶馆，那儿可以喝茶、聊天，很安静。
bà ba mā ma dài wǒ qù kàn zhōng guó de zá jì huà jù bó wù guǎn
爸爸妈妈带我去看中国的杂技（话剧、博物馆）。

rú guǒ nǐ zhù zài zhōng guó nǐ jué de yǒu shén me hǎo chu
25. 如果你住在中国，你觉得有什么好处？

zhōng guó hěn dà yǒu hěn duō hǎo kàn de dì fang wǒ kě yǐ qù hěn duō dì fang lǚ xíng
中国很大，有很多好看的地方，我可以去很多地方旅行。
rú guǒ wǒ zhù zài zhōng guó wǒ de zhōng wén jiù néng tí gāo de hěn kuài
如果我住在中国，我的中文就能提高得很快。
zhōng guó de dōng xi hěn pián yi wǒ men kě yǐ jié shěng hěn duō qián
中国的东西很便宜，我们可以节省很多钱。

2. Education, Training and Employment

nǐ zài nǎ suǒ xué xiào shàng xué
1. 你在哪所学校上学?

wǒ de xué xiào jiào shì yì suǒ hěn dà de zhōng xué
我的学校叫 Queen's School，是一所很大的中学。
wǒ zài xué xí shì yì suǒ hěn piào liang de xué xiào
我在 Queen's School 学习，Queen's Schoo 是一所很漂亮的学校。
wǒ tè bié xǐ huan wǒ de xué xiào
Queen's School，我特别喜欢我的学校。

nǐ jué de nǐ de xué xiào zěn me yàng
2. 你觉得你的学校怎么样?

wǒ hěn xǐ huan wǒ de xué xiào wǒ de xué xiào shì yì suǒ hěn hǎo de xué xiào xué xiào de
我很喜欢我的学校。我的学校是一所很好的学校。学校的
huán jìng hěn hǎo lǎo shī hé tóng xué men yě dōu hěn yǒu hǎo
环境很好，老师和同学们也都很友好。
hái bú cuò dàn shì wǒ xī wàng tā néng biàn de gèng hǎo yì xiē
还不错，但是我希望它能变得更好一些。
wǒ xī wàng wǒ de xué xiào yǒu gèng duō de xuǎn xiū kè
我希望我的学校有更多的选修课。
bú shì hěn xǐ huan wǒ de xué xiào tài xiǎo le yě méi yǒu shén me wánr de dì fang
不是很喜欢，我的学校太小了，也没有什么玩儿的地方。
hái kě yǐ dàn shì rú guǒ xué xiào lǐ duō zhòng xiē huā jiù gèng piào liang le
还可以，但是如果学校里多种些花，就更漂亮了。

nǐ xǐ huan shàng xué ma wèi shén me
3. 你喜欢上学吗？为什么?

wǒ hěn xǐ huan shàng xué yīn wèi xué xiào lǐ yǒu hěn duō hǎo péng you
我很喜欢上学，因为学校里有很多好朋友。
hái kě yǐ dàn shì wǒ bù xǐ huan zuò zuò yè yě bù xǐ huan kǎo shì
还可以，但是我不喜欢做作业，也不喜欢考试。
wǒ bú tài xǐ huan shàng xué yīn wèi měi tiān hěn zǎo qǐ chuáng shàng yì tiān kè hěn lèi
我不太喜欢上学，因为每天很早起床，上一天课很累。

nǐ men xué xiào yǒu nǎ xiē kē mù
4. 你们学校有哪些科目?

zài xué xiào wǒ men yào xué xí yīng yǔ shù xué lì shǐ děng
在学校，我们要学习英语、数学、历史等。
wǒ zài xué xiào yào xué xí diàn nǎo kē xué yīn yuè hé měi shù
我在学校要学习电脑、科学、音乐和美术。
tǐ yù yīn yuè huì huà shēng wù kē xué yě shì bì xū xué de kē mù
体育、音乐、绘画、生物，科学也是必须学的科目。

nǐ jué de nǎ ge kē mù yǒu yì si
5. 你觉得哪个科目有意思?
wǒ jué de lì shǐ shēng wù dì lǐ huà xué yīn yuè shù xué yǒu yì si
我觉得历史(生物、地理、化学、音乐、数学……)有意思。
yīn wèi zhè mén kè duì jiāng lái zhǎo gōng zuò hěn yǒu yòng
因为这门课对将来找工作很有用。
yīn wèi zhè mén kè de lǎo shī fēi cháng hǎo hěn yǒu yì si
因为这门课的老师非常好，很有意思。

NOTE: What subjects do you like? Think about why you like them.

nǐ zuì xǐ huan de lǎo shī shì jiāo shén me de nǐ wèi shén me xǐ huan tā tā
6. 你最喜欢的老师是教什么的?你为什么喜欢他/她?
wǒ zuì xǐ huan de shì jiāo yīng yǔ shù xué lì shǐ tǐ yù zì rán huì huà
我最喜欢的是教英语(数学、历史、体育、自然、绘画、
yīn yuè de lǎo shī
音乐……)的老师。
yīn wèi tā tā jiǎng kè hěn qīng chu
因为他/她讲课很清楚。
yīn wèi tā tā hěn yōu mò wǒ jué de zhè mén kè hěn yǒu yì si
因为他/她很幽默，我觉得这门课很有意思。
yīn wèi tā tā bù gěi wǒ men liú hěn duō de zuò yè
因为他/她不给我们留很多的作业。

NOTE: The examiner might also ask which classmate you like and why. How would you answer?

zài xué xiào lǐ nǐ de péng you duō ma qǐng jiǎng yí xià nǐ zuì hǎo de péng you
7. 在学校里你的朋友多吗?请讲一下你最好的朋友。
wǒ zài xué xiào lǐ de péng you hěn duō shì wǒ de hǎo péng you tā hěn piào liang yě
我在学校里的朋友很多，Mary是我的好朋友。她很漂亮，也
hěn cōng míng wǒ men jīng cháng yì qǐ zuò zuò yè guàng jiē kàn diàn yǐng chī fàn
很聪明，我们经常一起做作业、逛街、看电影、吃饭。
wǒ zài xué xiào lǐ yǒu jǐ gè hǎo péng you bǐ rú wǒ men zài yí gè nián jí
我在学校里有几个好朋友，比如Peter。我们在一个年级，
wǒ men dōu xǐ huan tī qiú suǒ yǐ fàng xué yǐ hòu wǒ men jīng cháng zài yì qǐ tī qiú
我们都喜欢踢球，所以放学以后我们经常在一起踢球。
wǒ zài xué xiào lǐ méi yǒu shén me hǎo péng you wǒ de hǎo péng you shì wǒ de lín jū
我在学校里没有什么好朋友，我的好朋友是我的邻居，
tā jiào tā de jiā rén hé wǒ de bà ba mā ma dōu shì péng you tā bǐ wǒ dà
她叫Esther。她的家人和我的爸爸妈妈都是朋友。她比我大
jǐ suì zhèng zài zhǔn bèi gāo děng chéng dù huì kǎo
几岁，正在准备高等程度会考。

nǐ xiàn zài dú nǎ ge nián jí nǐ zhī dào nǐ men nián jí yǒu duō shao xué sheng ma
8. 你现在读哪个年级?你知道你们年级有多少学生吗?
shí yī nián jí wǒ men nián jí dà gài yǒu liù shí duō gè xué sheng
十一年级。我们年级大概有六十多个学生。
chū zhōng sì nián jí wǒ bù zhī dào wǒ men nián jí duō shao rén dàn shì wǒ zhī dào
初中四年级。我不知道我们年级多少人，但是我知道

wǒ men xué xiào yǒu duō gè xué sheng
我们学校有 800 多个学生。

NOTE: Do you know how many pupils there are in your school?

nǐ zài xué xiào chī wǔ cān ma nǐ men tōng cháng chī shén me nǐ xǐ huan xué xiào de wǔ cān ma
9. 你在学校吃午餐吗？你们通常吃什么？你喜欢学校的午餐吗？

wǒ zài xué xiào chī wǔ cān wǒ men cháng chī shū cài niú ròu yǒu shí hou hái yǒu yú
我在学校吃午餐。我们常吃蔬菜、牛肉，有时候还有鱼。
shuǐ guǒ yě hěn duō wǒ hěn xǐ huan
水果也很多。我很喜欢。

wǒ zài xué xiào chī wǔ cān hái bú cuò dàn shì shū cài hé shuǐ guǒ tài shǎo le
我在学校吃午餐，还不错，但是蔬菜和水果太少了。

wǒ zài xué xiào chī dàn wǒ bú tài xǐ huan yīn wèi yǒu xiē dōng xi bú tài shì hé wǒ de
我在学校吃，但我不太喜欢，因为有些东西不太适合我的
kǒu wèi
口味。

wǒ bù chī xué xiào de wǔ cān wǒ zì jǐ dài fàn
我不吃学校的午餐，我自己带饭。

nǐ xǐ huan chuān xiào fú ma wèi shén me
10. 你喜欢穿校服吗？为什么？

xǐ huan yīn wèi wǒ men de xiào fú hěn piào liang hēi sè de qún zi hé huī sè de shàng yī
喜欢，因为我们的校服很漂亮，黑色的裙子和灰色的上衣。

bù xǐ huan yīn wèi dà jiā dōu chuān yí yàng de yī fu méi yǒu yì si
不喜欢，因为大家都穿一样的衣服，没有意思。

bù xǐ huan yīn wèi shāng diàn lǐ de yī fu hěn piào liang dàn shì wǒ men bù néng zài xué xiào chuān
不喜欢，因为商店里的衣服很漂亮，但是我们不能在学校穿。

nǐ men xué xiào de zuò xī shí jiān shì zěn yàng de
11. 你们学校的作息时间是怎样的？

shàng wǔ shàng kè zhōng wǔ dào wǔ xiū xià wǔ fàng xué
上午 9:00 上课，中午 12：00 到 1：00 午休，下午 3:30 放学。

dào shàng kè zhōng wǔ yǒu yí gè xiǎo shí de xiū xi shí jiān
9:00 到 15：30 上课，中午有一个小时的休息时间。

shàng wǔ shàng kè xià kè xià wǔ shàng kè xià kè
上午 9：00 上课，12：00 下课；下午 1：00 上课，3:30 下课。

chī wán wǔ fàn yǐ hòu xià wǔ dì yī jié kè yǐ qián nǐ tōng cháng zuò shén me
12. 吃完午饭以后，下午第一节课以前，你通常做什么？

chī wán wǔ fàn yǐ hòu wǒ xiū xi yǒu shí hou yào kāi huì
吃完午饭以后，我休息，有时候要开会。

chī wán wǔ fàn yǐ hòu rú guǒ tiān qì hǎo de huà wǒ jiù hé tóng xué zài cǎo dì shang
吃完午饭以后，如果天气好的话，我就和同学在草地上
shài tài yáng liáo tiān
晒太阳，聊天。

chī wán wǔ fàn yǐ hòu wǒ qù diàn nǎo fáng shàng wǎng shōu yóu jiàn yǒu shí hou qù
吃完午饭以后，我去电脑房上网，收邮件。有时候去
tú shū guǎn chá zī liào
图书馆查资料。

nǐ men xué xiào yǒu nǎ xiē kè wài huó dòng
13. 你们学校有哪些课外活动?
wǒ men xué xiào yǒu hěn duō kè wài huó dòng bǐ rú wǔ dǎo shū fǎ huì huà
我们学校有很多课外活动,比如舞蹈、书法、绘画、
yuè qì yǎn zòu hé chàng guó jì xiàng qí xì jù biǎo yǎn děng děng hěn fēng fù
乐器演奏、合唱、国际象棋、戏剧表演等等,很丰富。
wǒ men kě yǐ cān jiā hé chàng tuán huà jù shè jí tā xiǎo zǔ shè yǐng xié huì děng
我们可以参加合唱团、话剧社、吉他小组、摄影协会等
hěn duō yǒu yì si de shè tuán
很多有意思的社团。

nǐ fàng xué hòu cān jiā kè wài huó dòng ma
14. 你放学后参加课外活动吗?
wǒ jīng cháng cān jiā hěn xǐ huan zhǐ yào yǒu shí jiān wǒ jiù qù
我经常参加,很喜欢。只要有时间我就去。
hěn shǎo yīn wèi xué xiào de zuò yè hěn duō méi shí jiān
很少,因为学校的作业很多,没时间。
yǒu shí hou cān jiā dàn měi cì shí jiān dōu bú shì hěn cháng
有时候参加,但每次时间都不是很长。

nǐ jué de cān jiā kè wài huó dòng yǒu yì si ma wèi shén me
15. 你觉得参加课外活动有意思吗?为什么?
dāng rán yǒu yì si kě yǐ hé hǎo péng you zài yì qǐ
当然有意思,可以和好朋友在一起。
hái kě yǐ cān jiā kè wài huó dòng kě yǐ ràng wǒ men fàng sōng
还可以,参加课外活动可以让我们放松。
yì bān zhǔ yào shì xiǎng xué diǎn kè běn yǐ wài de dōng xi
一般,主要是想学点课本以外的东西。
méi yì si hěn duō huó dòng wǒ dōu bù gǎn xìng qù
没意思,很多活动我都不感兴趣。

nǐ měi tiān zuò zuò yè yào duō cháng shí jiān
16. 你每天做作业要多长时间?
nǐ rèn wéi xué sheng zuò zuò yè shì bu shì hěn zhòng yào
你认为学生做作业是不是很重要?
yì xiǎo shí wǒ rèn wéi zuò yè hěn zhòng yào wǒ men yīng gāi rèn zhēn de wán chéng wǒ men
一小时;我认为作业很重要,我们应该认真地完成我们
de zuò yè
的作业。
bàn xiǎo shí wǒ rèn wéi zuò yè hěn zhòng yào kě yǐ fù xí xué de dōng xi
半小时;我认为作业很重要,可以复习学的东西,
dàn zuò yè bù néng tài duō
但作业不能太多。
liǎng xiǎo shí wǒ rèn wéi zuò yè bú shì zuì zhòng yào de zì jǐ yù xí fù xí gèng zhòng yào
两小时;我认为作业不是最重要的,自己预习/复习更重要。
shí jiān yǒu cháng yǒu duǎn wǒ rèn wéi zuò yè yì diǎnr dōu bú zhòng yào xué sheng yīng gāi
时间有长有短;我认为作业一点儿都不重要,学生应该
duō dú zì jǐ xǐ huan de kè wài shū
多读自己喜欢的课外书。

nǐ zuò guò jiān zhí gōng zuò ma
17. 你做过兼职工作吗?
zuò guò zài shāng chǎng cān tīng xǐ yī fáng gōng zuò guò
做过，在商场/餐厅/洗衣房工作过。
méi yǒu wǒ míng nián kāi shǐ zuò jiān zhí gōng zuò
没有，我明年开始做兼职工作。
wǒ yǐ qián zài chāo shì gōng zuò guò měi gè xīng qī gōng zuò sān gè wǎn shang měi gè wǎn shang liǎng xiǎo shí
我以前在超市工作过，每个星期工作三个晚上，每个晚上两小时。
wǒ yǐ qián fàng jià de shí hòu zài yì jiā gōng sī gōng zuò guò měi gè xīng qī gōng zuò liǎng tiān měi tiān liù gè xiǎo shí
我以前放假的时候在一家公司工作过，每个星期工作两天，每天六个小时。

nǐ cóng duō dà kāi shǐ zuò jiān zhí gōng zuò
18. 你从多大开始做兼职工作?
nǐ de dì yī gè jiān zhí gōng zuò shì shén me
你的第一个兼职工作是什么?
wǒ suì kāi shǐ zuò jiān zhí gōng zuò wǒ de dì yī gè jiān zhí gōng zuò shì zài xué xiào de tú shū guǎn zhěng lǐ tú shū
我12岁开始做兼职工作，我的第一个兼职工作是在学校的图书馆整理图书。
wǒ qù nián kāi shǐ zuò jiān zhí gōng zuò shì zài bà ba mā ma de xiǎo shāng diàn lǐ
我去年开始做兼职工作，是在爸爸妈妈的小商店里。
wǒ qù nián shǔ jià kāi shǐ zuò jiān zhí gōng zuò gěi yí gè zhōng guó nǚ hái jiào yīng wén tā de bà ba shì wǒ bà ba de tóng shì
我去年暑假开始做兼职工作，给一个中国女孩教英文。她的爸爸是我爸爸的同事。

nǐ zuò jiān zhí gōng zuò yì bān yí gè xiǎo shí duō shao gōng zī nǐ yòng zhèng de qián zuò shén me
19. 你做兼职工作一般一个小时多少工资?你用挣的钱做什么?
yí gè xiǎo shí wǔ bàng zuǒ yòu wǒ yòng zhè xiē qián gěi zì jǐ mǎi shū mǎi yī fu kàn diàn yǐng hé péng you yì qǐ chī fàn
一个小时五镑左右。我用这些钱给自己买书、买衣服、看电影、和朋友一起吃饭。
wǒ de gōng zuò shì yì wù de suǒ yǐ méi yǒu gōng zī
我的工作是义务的，所以没有工资。

xué sheng zuò jiān zhí gōng zuò huì yǐng xiǎng xué xí ma wèi shén me
20. 学生做兼职工作会影响学习吗?为什么?
wǒ xiǎng huì de tā yào zhàn yòng xué xí de shí jiān
我想会的，它要占用学习的时间。
dāng rán huì wǒ men hěn nán ān pái hǎo zì jǐ de shí jiān
当然会，我们很难安排好自己的时间。
wǒ xiǎng bú huì de zhǐ yào bú zuò tài cháng shí jiān de huà jiù bú huì yǐng xiǎng xué xí
我想不会的，只要不做太长时间的话，就不会影响学习。

zuò jiān zhí gōng zuò yǒu shén me hǎo chu
21. 做兼职工作有什么好处？
wǒ kě yǐ rèn shi hěn duō xīn péng you
我可以认识很多新朋友。
wǒ kě yǐ zhuàn yì xiē líng huā qián péng you hé jiā rén shēng rì de shí hou wǒ yòng zhè xiē
我可以赚一些零花钱，朋友和家人生日的时候我用这些
qián gěi tā men mǎi lǐ wù
钱给他们买礼物。
méi shén me hǎo chu wǒ de gōng kè hěn duō rú guǒ wǒ zuò jiān zhí gōng zuò wǒ jiù méi yǒu
没什么好处，我的功课很多，如果我做兼职工作，我就没有
shí jiān zuò zuò yè
时间做作业。

NOTE: What other advantages and disadvantages can you think of in having a part-time job?

cóng yǐ qián de gōng zuò zhōng nǐ xué dào le shén me
22. 从以前的工作中，你学到了什么?
wǒ zhī dào le zì jǐ xǐ huan shén me yàng de gōng zuò bù xǐ huan shén me yàng de gōng zuò
我知道了自己喜欢什么样的工作，不喜欢什么样的工作。
wǒ zhī dào le zěn me hé tóng shì xiāng chǔ
我知道了怎么和同事相处。
wǒ zhī dào le zì jǐ de yōu diǎn hé quē diǎn zhī dào le shén me yàng de gōng zuò shì hé zì jǐ
我知道了自己的优点和缺点，知道了什么样的工作适合自己。

nǐ yǐ hòu xiǎng zuò shén me gōng zuò ne wèi shén me
23. 你以后想做什么工作呢?为什么?
xiǎo xué lǎo shī yīn wèi wǒ hěn xǐ huan hé hái zi men zài yì qǐ
小学老师，因为我很喜欢和孩子们在一起。
yīn yuè jiā wǒ xiǎng tā men de shēng huó yí dìng hěn yǒu yì si
音乐家，我想他们的生活一定很有意思。
lǜ shī yīn wèi lǜ shī kě yǐ zhèng hěn duō qián
律师，因为律师可以挣很多钱。
wǒ yě bù zhī dào dàn wǒ bù xǐ huan měi tiān shàng bān suǒ yǐ wǒ xiǎng zài jiā gōng zuò
我也不知道，但我不喜欢每天上班，所以我想在家工作。
bù zhī dào xiàn zài hái hěn nán shuō
不知道，现在还很难说。

nǐ xiǎng qù guó wài gōng zuò ma wèi shén me
24. 你想去国外工作吗?为什么?
wǒ hěn xiǎng qù guó wài gōng zuò yīn wèi wǒ xiǎng kàn kan bié de guó jiā wǒ tè bié xiǎng qù
我很想去国外工作，因为我想看看别的国家，我特别想去
měi guó gōng zuò
美国工作。
dāng rán xiǎng le qù guó wài gōng zuò hái néng lǚ xíng
当然想了，去国外工作还能旅行。
wǒ yě bù zhī dào kě shì wǒ bà ba mā ma xī wàng wǒ zài yīng guó gōng zuò
我也不知道，可是我爸爸妈妈希望我在英国工作，
tā men bù xiǎng lí wǒ tài yuǎn
他们不想离我太远。

3. House, Home and Daily Routine

nǐ jiā zhù zài nǎ li
1. 你家住在哪里？

wǒ jiā zhù zài lún dūn jiāo qū
我家住在伦敦郊区。

wǒ jiā zhù zài jiàn qiáo shì zhōng xīn
我家住在剑桥市中心。

wǒ jiā zhù zài ài dīng bǎo fù jìn de yí gè xiǎo cūn zi lǐ
我家住在爱丁堡附近的一个小村子里。

NOTE: The interviewer might also ask you about the style of your house. How would you describe it?

nǐ de jiā dà ma yǒu jǐ gè fáng jiān
2. 你的家大吗？有几个房间？

wǒ jiā hěn dà shì yí dòng liǎng céng lóu de fáng zi yǒu sān gè wò shì yí gè shū fáng yí gè chú fáng yí gè cān tīng yí gè kè tīng yí gè xiǎo jiàn shēn fáng liǎng gè wèi shēng jiān hé yí gè chē kù fáng zi de qián mian hé hòu mian dōu yǒu huā yuán
我家很大，是一栋两层楼的房子。有三个卧室、一个书房、一个厨房、一个餐厅、一个客厅、一个小健身房、两个卫生间和一个车库。房子的前面和后面都有花园。

wǒ jiā bú suàn dà shì yí gè píng fáng yǒu wǔ gè fáng jiān
我家不算大，是一个平房，有五个房间。

nǐ jiā lǐ yǒu jǐ kǒu rén
3. 你家里有几口人？

kǒu rén bà ba mā ma hé wǒ
3口人。爸爸、妈妈和我。

kǒu rén bà ba mā ma jiě jie mèi mei gē ge dì di hé wǒ
4口人。爸爸、妈妈、姐姐（妹妹/哥哥/弟弟）和我。

NOTE: The interviewer might also ask you to describe briefly the appearances, age, professions, hobbies, etc. of your family members.Think of as much as you can.

shuō shuo nǐ de zǔ fù zǔ mǔ hǎo ma
4. 说说你的祖父、祖母好吗？

wǒ de zǔ fù suì zǔ mǔ suì tā men yǐ jīng tuì xiū le tā men shēn tǐ hěn jiàn kāng
我的祖父75岁，祖母70岁，他们已经退休了。他们身体很健康。

wǒ de zǔ fù zǔ mǔ kuài suì le tā men hái méi yǒu tuì xiū gōng zuò bǐ jiào máng
我的祖父、祖母快60岁了，他们还没有退休，工作比较忙。

NOTE: The interviewer might expect you to talk about your grandparents in terms of age, character, health and so forth.

5. nǐ xǐ huan bù xǐ huan yé ye nǎi nai
你喜欢不喜欢爷爷、奶奶？
xǐ huan yīn wèi tā men shì liǎng gè kě ài de lǎo rén
喜欢。因为他们是两个可爱的老人。
xǐ huan yīn wèi tā men fēi cháng ài wǒ
喜欢。因为他们非常爱我。

6. zài jiā li nǐ zuì xǐ huan shuí
在家里，你最喜欢谁？
zuì xǐ huan mā ma wǒ jīng cháng hé tā yì qǐ guàng jiē mǎi dōng xi
最喜欢妈妈。我经常和她一起逛街买东西。
zuì xǐ huan bà ba tā cháng cháng hé wǒ yì qǐ yùn dòng
最喜欢爸爸。他常常和我一起运动。
jiě jie mèi mei gē ge dì di tā tā cháng cháng gěi wǒ jiǎng yì xiē
姐姐（妹妹/哥哥/弟弟）。她/他常常给我讲一些
yǒu qù de gù shi
有趣的故事。

7. nǐ men zhù de dì fang huán jìng hǎo ma
你们住的地方环境好吗？
bú cuò lí jiā bù yuǎn de dì fang jiù yǒu yì tiáo hé jǐng sè hěn piào liang
不错。离家不远的地方就有一条河，景色很漂亮。
tǐng hǎo de wǒ jiā qián mian jiù shì yí piàn dà cǎo dì wǒ cháng cháng qù nà li tī zú qiú
挺好的。我家前面就是一片大草地，我常常去那里踢足球。
shēng huó yě fēi cháng fāng biàn cóng jiā li zǒu fēn zhōng jiù néng dào chāo shì
生活也非常方便，从家里走10分钟就能到超市。

8. nǐ jiā lí xué xiào yuǎn ma
你家离学校远吗？
bú tài yuǎn qí zì xíng chē fēn zhōng jiù dào le
不太远。骑自行车15分钟就到了。
yǒu diǎn yuǎn měi tiān zǎo shang bà ba mā ma kāi chē sòng wǒ qù shàng xué
有点远。每天早上爸爸（妈妈）开车送我去上学。

NOTE: The interviewer might also ask you to contrast the place where you live with other places such as downtown areas, rural areas, riverside areas and so forth. How would you describe their differences?

9. nǐ wǎn shang yì bān shén me shí hou shuì jiào
你晚上一般什么时候睡觉？
diǎn duō wǒ shuì de zǎo zǎo shang qǐ chuáng yě zǎo
9点多。我睡得早，早上起床也早。
wǒ měi tiān wǎn shang dōu yào kàn diàn shì suǒ yǐ shuì de hěn wǎn
我每天晚上都要看电视，所以睡得很晚。
píng shí bǐ jiào zǎo dà gài diǎn yīn wèi dì èr tiān yào shàng kè dàn shì zhōu mò
平时比较早，大概10点，因为第二天要上课。但是周末
wǒ shuì de hěn wǎn yào dào diǎn
我睡得很晚，要到12点。

nǐ měi tiān zěn me ān pái shí jiān
10. 你每天怎么安排时间?
zǎo chén diǎn bàn qǐ chuáng chī wán zǎo fàn jiù qù shàng kè wǔ fàn hòu xiū xi xiǎo shí
早晨7点半起床，吃完早饭就去上课。午饭后休息1小时。
xià wǔ fàng xué huí lai jiù xiě zuò yè wǎn shang tīng yīn yuè huò zhě kàn shū diǎn bàn
下午放学回来就写作业。晚上听音乐或者看书。10点半
shàng chuáng shuì jiào
上床睡觉。

kòng xián shí jiān nǐ zuò xiē shén me
11. 空闲时间你做些什么?
wǒ cháng cháng qù zhǎo tóng xué wánr dǎ wǎng qiú yóu yǒng tī yí gè xiǎo shí de zú qiú
我常常去找同学玩儿(打网球/游泳/踢一个小时的足球)。
wǒ yì bān zài wǎn shang kàn diàn shì jié mù tīng yīn yuè dǎ yóu xì shàng wǎng liáo tiān
我一般在晚上看电视节目(听音乐/打游戏/上网聊天)。

nǐ de bà ba mā ma zuò shén me gōng zuò
12. 你的爸爸、妈妈做什么工作?
bà ba zài yì jiā gōng sī gōng chǎng yín háng dāng jīng lǐ gōng chéng shī zhí yuán
爸爸在一家公司(工厂/银行)当经理(工程师/职员)。
mā ma zài yì suǒ xiǎo xué zhōng xué dà xué dāng lǎo shī
妈妈在一所小学/中学/大学当老师。

bà ba mā ma gōng zuò máng ma
13. 爸爸妈妈工作忙吗?
bà ba tè bié máng wǎn shang diǎn zuǒ yòu cái néng dào jiā
爸爸特别忙。晚上8点左右才能到家。
bà ba bù máng yǒu kòngr de shí hou tā hái jiāo wǒ xué huà huà
爸爸不忙。有空儿的时候他还教我学画画。
mā ma hái hǎo tā měi tiān xià wǔ chà bu duō diǎn bàn huí dào jiā lǐ
妈妈还好。她每天下午差不多5点半回到家里。
mā ma hěn máng tā shì lǎo shī tā de xué sheng dōu fēi cháng xǐ huan tā
妈妈很忙。她是老师，她的学生都非常喜欢她。

nǐ men jiā shuí zuò jiā wù huó
14. 你们家谁做家务活?
nǎi nai zuò zǎo cān wǔ cān hé wǎn cān mā ma zuò qí tā de jiā wù dà jiā yì qǐ zuò
奶奶做早餐，午餐和晚餐妈妈做。其它的家务大家一起做。
zhǔ yào shì mā ma zuò dàn shì bà ba zài páng biān bāng máng
主要是妈妈做，但是爸爸在旁边帮忙。
mā ma gōng zuò hěn máng suǒ yǐ bà ba jīng cháng zuò jiā wù
妈妈工作很忙，所以爸爸经常做家务。

nǐ píng shí zài jiā li zuò jiā wù ma
15. 你平时在家里做家务吗?
yì bān bú zuò mā ma bǎ suǒ yǒu de jiā wù dōu zuò le
一般不做。妈妈把所有的家务都做了。

zuò dàn shì dōu shì yì xiē róng yì zuò de shì qíng bǐ rú xǐ wǎn cā zhuō zi dǎ sǎo
做。但是都是一些容易做的事情，比如洗碗，擦桌子，打扫
zì jǐ de fáng jiān
自己的房间。
dāng rán zuò wǒ jué de zuò jiā wù hěn xīn kǔ
当然做；我觉得做家务很辛苦。

nǐ de fáng jiān shì zěn me bù zhì de
16. 你的房间是怎么布置的？
hěn jiǎn dān lǐ miàn yǒu yì zhāng dān rén chuáng yí gè xiě zì tái yí gè xiǎo shū jià hé
很简单。里面有一张单人床、一个写字台、一个小书架和
yì tái diàn nǎo
一台电脑。
wǒ zài zì jǐ fáng jiān de qiáng shang tiē le hěn duō diàn yǐng míng xīng míng rén tǐ yù
我在自己房间的墙上贴了很多电影明星/名人/体育
míng xīng de zhào piàn
明星的照片。

shuō shuo nǐ jiā de shū fáng hǎo ma
17. 说说你家的书房好吗？
shū fáng hěn piào liang zhōng jiān shì shū zhuō zhōu wéi shì shū guì
书房很漂亮， 中间是书桌，周围是书柜。
shū fáng hěn dà shì wǒ jiā zuì dà de yí gè fáng jiān lǐ miàn yǒu gè shū jià
书房很大，是我家最大的一个房间。里面有 4 个书架，
quán dōu shì shū
全都是书。

NOTE: The examiner might also want to ask about other rooms in your house!

nǐ jiā shì shén me shí hou bān jìn zhè ge fáng zi de
18. 你家是什么时候搬进这个房子的？
nián qián dà gài shì zài wǒ suì de shí hòu wǒ men yǐ jīng zài zhè suǒ fáng zi li
12 年前。大概是在我 4 岁的时候。我们已经在这所房子里
zhù le chà bu duō nián le
住了差不多 12 年了。

nǐ men hái huì bān jiā ma
19. 你们还会搬家吗？
kě néng bú huì wǒ men yì jiā rén dōu hěn xǐ huan zhè ge dì fang shēng huó
可能不会。我们一家人都很喜欢这个地方，生活
hěn fāng biàn fù jìn yě hěn piào liang
很方便，附近也很漂亮。
kě néng huì de yīn wèi xiàn zài zhù de fáng zi yǒu diǎn jiù xiǎo jiāo tōng bú shì
可能会的。因为现在住的房子有点旧/小/交通不是
hěn fāng biàn lí bà ba mā ma gōng zuò de dì fang yǒu diǎnr yuǎn
很方便/离爸爸妈妈工作的地方有点儿远。

nǐ jiā li yǒu chǒng wù ma
20. 你家里有宠物吗?
wǒ jiā li yǒu liǎng zhī xiǎo māo hái yǒu yì zhī kě ài de xiǎo gǒu tā men shì quán jiā rén de bǎo bèi
我家里有两只小猫，还有一只可爱的小狗，它们是全家人的宝贝。

nǐ hé jiā rén yì bān zěn me guò zhōu mò
21. 你和家人一般怎么过周末?
yì bān shì bà ba kāi chē dài wǒ men qù jiāo qū yīn wèi nà li de kōng qì fēi cháng xīn xiān
一般是爸爸开车带我们去郊区，因为那里的空气非常新鲜。
wǒ men yǒu shí hou qù diàn yǐng yuàn kàn diàn yǐng
我们有时候去电影院看电影。
wǒ men cháng cháng qù jiā fù jìn de gōng yuán dòng wù yuán
我们常常去家附近的公园(动物园)。

NOTE: The interviewer might also ask you to introduce how you or your family spends your vacations, important festivals and so on. How would you answer such questions?

nǐ jīng cháng qǐng nǐ de tóng xué dào jiā li wánr ma
22. 你经常请你的同学到家里玩儿吗?
yǒu shí hou dàn bù duō
有时候，但不多。
wǒ xiǎng xià cì wǒ guò shēng rì de shí hou qǐng jǐ gè tóng xué dào jiā li lái wánr
我想下次我过生日的时候请几个同学到家里来玩儿。
wǒ cháng cháng qǐng tóng xué lái jiā li wánr jīn nián wǒ guò shēng rì bǎ jǐ gè
我常常请同学来家里玩儿。今年我过生日，把几个
hǎo péng you qǐng dào jiā li wánr chàng gē tiào wǔ liáo tiān dà jiā fēi cháng kāi xīn
好朋友请到家里玩儿，唱歌、跳舞、聊天，大家非常开心。

nǐ yǒu zì jǐ de líng huā qián ma yì bān zěn me yòng zì jǐ de líng huā qián
23. 你有自己的零花钱吗?一般怎么用自己的零花钱?
yǒu bà ba mā ma yǒu shí hou gěi wǒ dàn shì bù duō wǒ yǒu shí hou qù gōng zuò
有。爸爸妈妈有时候给我，但是不多。我有时候去工作，
yě néng zhèng yì diǎn líng huā qián
也能挣一点零花钱。
wǒ de líng huā qián yòng lái mǎi chàng piàn mǎi shū mǎi yī fu kàn diàn yǐng hé tóng xué
我的零花钱用来买唱片(买书/买衣服/看电影/和同学
chū qù jù huì
出去聚会)。
wǒ yǒu shí hou mǎi yì xiē zì jǐ xǐ huan de líng shí
我有时候买一些自己喜欢的零食。

4. Media and Social Activities

nǐ xǐ huan zuò yùn dòng ma yùn dòng yǒu shén me hǎo chu
1. 你喜欢做运动吗？运动有什么好处？

wǒ hěn xǐ huan yùn dòng yīn wèi yùn dòng néng ràng rén fàng sōng ràng rén xīn qíng hǎo
我很喜欢运动。因为运动能让人放松，让人心情好。

fēi cháng xǐ huan yīn wèi zuò yùn dòng néng duàn liàn shēn tǐ dà jiā zài yì qǐ wánr yě
非常喜欢，因为做运动能锻炼身体，大家在一起玩儿也

fēi cháng kāi xīn
非常开心。

bú tài xǐ huan wǒ jué de zuò yùn dòng tài lèi
不太喜欢，我觉得做运动太累。

NOTE: Think of as many advantages of doing sports as you can. The examiner may ask you why you don't like sports if you answer that you do not.

nǐ xǐ huan shén me yùn dòng tōng cháng shén me shí jiān zuò
2. 你喜欢什么运动？通常什么时间做？

wǒ xǐ huan dǎ wǎng qiú xīng qī liù shàng wǔ wǒ cháng cháng gēn péng you men yì qǐ qù dǎ wǎng qiú
我喜欢打网球。星期六上午我常常跟朋友们一起去打网球。

wǒ xǐ huan yóu yǒng wǒ měi gè xīng qī tiān xià wǔ dōu qù yóu yǒng wǒ yě dǎ tài jí quán
我喜欢游泳。我每个星期天下午都去游泳。我也打太极拳。

wǒ zuì xǐ huan de yùn dòng shì dǎ pīng pāng qiú wǒ jiā huā yuán li yǒu yí gè pīng pāng qiú
我最喜欢的运动是打乒乓球。我家花园里有一个乒乓球

zhuō wǒ hé mèi mei měi tiān fàng xué yǐ hòu dōu wánr yì huìr
桌，我和妹妹每天放学以后都玩儿一会儿。

měi gè xīng qī tiān shàng wǔ wǒ dōu qù huá chuán zhè shì wǒ zuì xǐ huan de yùn dòng
每个星期天上午我都去划船，这是我最喜欢的运动。

NOTE: There are a lot of sports, for example, football, volleyball, cycling, and jogging. Make a list of the sports that you like doing. It will help you to develop your other language skills as well.

nǐ xǐ huan tīng yīn yuè ma xǐ huan bù xǐ huan shén me yàng de yīn yuè
3. 你喜欢听音乐吗？喜欢/不喜欢什么样的音乐？

wǒ hěn xǐ huan tīng yīn yuè měi tiān dōu tīng xiàn dài de gǔ diǎn de dōu xǐ huan
我很喜欢听音乐，每天都听。现代的、古典的都喜欢。

wǒ tè bié xǐ huan tīng yīn yuè zǒng shì yì biān zuò zuò yè yì biān tīng
我特别喜欢听音乐，总是一边做作业，一边听。

wǒ zuì xǐ huan tīng liú xíng gē qǔ bù xǐ huan jié zòu tài màn de yīn yuè
我最喜欢听流行歌曲，不喜欢节奏太慢的音乐。

xǐ huan wǒ hěn xǐ huan tīng zhōng guó yīn yuè
喜欢。我很喜欢听中国音乐。

yǐ qián wǒ xǐ huan liú xíng yīn yuè xiàn zài gèng xǐ huan yì xiē lǎo gē
以前我喜欢流行音乐，现在更喜欢一些老歌。

nǐ huì yuè qì ma nǐ cān jiā yuè duì ma
4. 你会乐器吗？你参加乐队吗？

wǒ huì tán gāng qín wǒ méi yǒu cān jiā yuè duì
我会弹钢琴。我没有参加乐队。

huì wǒ cóng wǔ suì jiù kāi shǐ xué xiǎo tí qín hái cān jiā yì xiē bǐ sài
会。我从五岁就开始学小提琴，还参加一些比赛。

huì wǒ cān jiā le xué xiào de yuè duì
会。我参加了学校的乐队。

huì yì diǎn wǒ gāng gāng kāi shǐ xué gāng qín yǐ hòu xiǎng cān jiā yuè duì
会一点。我刚刚开始学钢琴。以后想参加乐队。

bú huì bù tài xǐ huan wǒ jué de tài nán
不会，不太喜欢，我觉得太难。

NOTE: Try to remember a few names of musical instruments, especially the common ones. The examiner may ask you 'How many people are there in your orchestra?' 'Do you like playing in the orchestra? Why/why not?' 'When did you join it?' 'Do you often perform in concerts in your school or elsewhere?'

nǐ yǒu méi yǒu zuì xǐ huan de yuè duì gē xīng
5. 你有没有最喜欢的乐队 / 歌星？

yǒu wǒ zuì xǐ huan de yuè duì shì jiǎ ké chóng yuè duì
有。我最喜欢的乐队是甲壳虫（The Beetles）乐队。

wǒ mǎi le hěn duō zhè ge yuè duì de chàng piàn
我买了很多这个乐队的唱片。

wǒ xǐ huan bù lán nī tā de gē hǎo tīng jí le
我喜欢布兰妮（Britney Spears），她的歌好听极了。

nǐ xǐ huan de diàn shì jié mù yǒu nǎ xiē
6. 你喜欢的电视节目有哪些？

dòng huà piān hé dòng wù jié mù shì wǒ zuì xǐ huan de jié mù
动画片和动物节目是我最喜欢的节目。

wǒ měi tiān dōu kàn xīn wén hěn xǐ huan tǐ yù jié mù
我每天都看新闻，很喜欢体育节目。

wǒ jué de diàn shì shàng fàng de diàn yǐng hé yǎn chàng huì dōu bú cuò wǒ hěn ài kàn
我觉得电视上放的电影和演唱会都不错，我很爱看。

NOTE: Make a list of the TV programmes that you like. This could prove useful for other papers, too. For example, you may be asked to write about TV programmes in your writing paper.

nǐ yì bān shén me shí hou kàn diàn shì
7. 你一般什么时候看电视？

wǎn shang bā diǎn bàn zuǒ yòu zuò wán zuò yè yǐ hòu
晚上八点半左右，做完作业以后。

wǒ yí fàng xué jiù kàn diàn shì
我一放学就看电视。

wǒ měi tiān chī wán wǎn fàn yǐ hòu kàn yí huìr diàn shì
我每天吃完晚饭以后，看一会儿电视。

yǒu de rén měi tiān dōu yào kàn sān sì gè xiǎo shí de diàn shì nǐ jué de zhè yàng
8. 有的人每天都要看三、四个小时的电视，你觉得这样
hǎo bu hǎo
好不好？
wǒ jué de zhè yàng hěn bù hǎo
我觉得这样很不好。
yīn wèi kàn diàn shì tài duō huì yǐng xiǎng shì lì shēn tǐ jiàn kāng zuò zuò yè
因为看电视太多会影响视力/身体健康/做作业。
yīn wèi kàn tài duō jiù méi yǒu shí jiān hé jiā rén péng you liáo tiān le
因为看太多就没有时间和家人/朋友聊天了。
wǒ jué de hěn hǎo yīn wèi kàn diàn shì néng ràng rén kāi xīn yě néng xué dào hěn duō dōng xi
我觉得很好。因为看电视能让人开心，也能学到很多东西。

NOTE: Can you think of any other advantages and disadvantages? Maybe your answer to this question will vary depending on whether it is about a child or adult.

nǐ cháng qù kàn diàn yǐng ma gēn shuí yì qǐ qù
9. 你常去看电影吗？跟谁一起去？
wǒ chà bu duō liǎng gè xīng qī qù yí cì zǒng shì gēn péng you men yì qǐ qù
我差不多两个星期去一次，总是跟朋友们一起去。
wǒ hěn shǎo qù diàn yǐng yuàn kàn diàn yǐng diàn yǐng piào tài guì
我很少去电影院看电影，电影票太贵。
wǒ cháng qù diàn yǐng yuàn kàn diàn yǐng měi gè zhōu mò dōu qù yǒu shí hou gēn jiā rén
我常去电影院看电影，每个周末都去。有时候跟家人
yì qǐ qù yǒu shí hou gēn tóng xué yì qǐ qù
一起去，有时候跟同学一起去。

nǐ kàn guò zhōng guó diàn yǐng ma xǐ huan ma
10. 你看过中国电影吗？喜欢吗？
wǒ kàn guò yīng xióng hé wò hǔ cáng lóng tè bié xǐ huan wǒ hái mǎi le guāng pán
我看过《英雄》和《卧虎藏龙》，特别喜欢。我还买了光盘。
wǒ kàn guò liǎng bù zhōng guó diàn yǐng bú jì de míng zi bú shì hěn xǐ huan
我看过两部中国电影，不记得名字，不是很喜欢。
wǒ kàn guò hěn duō zhōng guó diàn yǐng hěn xǐ huan gōng fu piān
我看过很多中国电影，很喜欢功夫片。

nǐ zuì xǐ huan nǎ bù diàn yǐng nǎ ge diàn yǐng míng xīng
11. 你最喜欢哪部电影？哪个电影明星？
wǒ zuì xǐ huan kàn de diàn yǐng tè bié yǒu yì si
我最喜欢看 James Bond 的电影，特别有意思。
yǎn de yǎn yuán dōu hěn shuài wǒ dōu xǐ huan
演 Bond 的演员都很帅，我都喜欢。
wǒ xǐ huan kàn hā lì bō tè yě xǐ huan nà ge yǎn yuán tā yǎn de
我喜欢看《哈利·波特》(Harry Potter)，也喜欢那个演员，他演得
hěn hǎo
很好。

yǒu rén xǐ huan yì biān xiě zuò yè yì biān tīng shōu yīn jī nǐ jué de zhè yàng hǎo bu hǎo
12. 有人喜欢一边写作业一边听收音机，你觉得这样好不好？
wǒ jiù shì zhè yàng
我就是这样。
yì biān xiě zuò yè yì biān tīng zì jǐ xǐ huan de jié mù zhè yàng shí jiān guò de hěn kuài
一边写作业，一边听自己喜欢的节目，这样时间过得很快。
wǒ jué de zhè yàng bù hǎo yīn wèi tīng shōu yīn jī huì yǐng xiǎng xiě zuò yè
我觉得这样不好，因为听收音机会影响写作业。

NOTE: This is something that teenagers often do. The examiner may extend the question to: 'What do your parents say when you listen to the radio while studying?' 'Are they happy about that?'

nǐ xǐ huan huà huàr ma
13. 你喜欢画画儿吗？
fēi cháng xǐ huan chú le xué xiào de yì shù kè wǒ zài jiā yě jīng cháng zì jǐ huà
非常喜欢。除了学校的艺术课，我在家也经常自己画。
xǐ huan wǒ cān jiā le yí gè huì huà xiǎo zǔ wǒ men hái zài xué xiào jǔ bàn guò zhǎn lǎn ne
喜欢。我参加了一个绘画小组，我们还在学校举办过展览呢！
hái kě yǐ wǒ de yì shù kè chéng jì hái bú cuò
还可以。我的艺术课成绩还不错。

NOTE: Be careful with this kind of questions. It looks easy, but the examiner always expects you to say more. You have to extend your answer beyond “喜欢” or “不喜欢”。

nǐ huà nǎ zhǒng huàr
14. 你画哪种画儿？
wǒ huà rén wù dòng wù yě huà fēng jǐng
我画人物、动物，也画风景。
wǒ chú le zài xué xiào xué yóu huà fàng xué hòu yě gēn yí gè zhōng guó lǎo shī xué
我除了在学校学油画，放学后也跟一个中国老师学
zhōng guó guó huà bǐ rú shān shuǐ huà huā niǎo huà wǒ yě huì huà xióng māo hé mǎ
中国国画。比如山水画、花鸟画，我也会画熊猫和马。

NOTE: Think about other relevant questions, such as: 'Who is your favourite painter?' 'Which painting of hers/his do you like the most?' 'Why do you find painting interesting?' 'Do you like photography, too?'

nǐ xǐ huan chàng gē ma
15. 你喜欢唱歌吗？
xǐ huan chàng dàn shì wǒ zhǐ zài zì jǐ de fáng jiān li chàng bú ràng bié rén tīng
喜欢唱。但是我只在自己的房间里唱，不让别人听。
fēi cháng xǐ huan wǒ cān jiā le xué xiào de hé chàng duì měi gè xīng qī wǔ zhōng wǔ dōu liàn xí
非常喜欢，我参加了学校的合唱队，每个星期五中午都练习。
wǒ bù xǐ huan chàng gē zhǐ xǐ huan tīng gē
我不喜欢唱歌，只喜欢听歌。

NOTE: Always be ready to give the reasons in your answer for this kind of questions. It is quite likely that the examiner will ask you to explain your answer.

nǐ xué guò wǔ dǎo ma
16. 你学过舞蹈吗?
wǒ cóng xiǎo xué jiù kāi shǐ xué wǔ dǎo wǒ yì zhí shàng xué xiào de wǔ dǎo bān
我从小学就开始学舞蹈。我一直上学校的舞蹈班。
wǒ cóng lái méi xué guò tiào wǔ dàn shì wǒ hěn xǐ huan kàn wǔ dǎo yǎn chū
我从来没学过跳舞。但是我很喜欢看舞蹈演出。
xué guò wǒ xué guò zhōng guó de wǔ dǎo
学过。我学过<u>中国</u>的舞蹈。

NOTE: Think of some types of dances that may be relevant to your answer, for example: ball room dancing, ballet, disco, folk dancing… It may be difficult to remember all of them, but it will be useful if you can remember some of them.

nǐ xǐ huan zuò yóu xì ma nǐ yì bān shén me shí hou zuò yóu xì
17. 你喜欢做游戏吗?你一般什么时候做游戏?
hěn xǐ huan yǒu shí hou shàng kè lǎo shī hé wǒ men yì qǐ zuò yóu xì dāng rán
很喜欢。有时候上课老师和我们一起做游戏,当然,
shì gēn xué xí yǒu guān de yóu xì
是跟学习有关的游戏。
xǐ huan guò jié de shí hou guò shēng rì de shí hou dà jiā cháng cháng zài yì qǐ zuò yóu xì
喜欢。过节的时候、过生日的时候,大家常常在一起做游戏。
yǐ qián xǐ huan xiàn zài bú tài xǐ huan yīn wèi xiàn zài wǒ bú shì xiǎo hái zǐ le
以前喜欢,现在不太喜欢。因为现在我不是小孩子了。

nǐ cháng cháng wánr diàn nǎo yóu xì ma wèi shén me
18. 你常常玩儿电脑游戏吗?为什么?
cháng wánr diàn nǎo yóu xì tè bié wánr hěn cì jī
常玩儿,电脑游戏特别好玩儿,很刺激。
bù cháng wánr yǒu shí hou wánr yīn wèi wǒ bà ba mā ma bù xǐ huan wǒ wánr
不常玩儿,有时候玩儿。因为我爸爸妈妈不喜欢我玩儿
diàn nǎo yóu xì
电脑游戏。

nǐ jīng cháng shang wǎng ma nǐ shàng wǎng zuò shén me
19. 你经常上网吗?你上网做什么?
duì wǒ jīng cháng shàng wǎng
对,我经常上网。
wǒ shàng wǎng fā diàn zǐ yóu jiàn kàn xīn wén chá zī liào tīng yīn yuè gēn péng you liáo tiān
我上网发电子邮件/看新闻/查资料/听音乐/跟朋友聊天/
xià qí
下棋……

NOTE: Your examiner may ask you questions such as:
'What are the advantages and disadvantages of using the Internet?'
'Do you like taking part in Internet chat-rooms? Why/why not?'
'How long do you think is appropriate for teenagers to go online each week?'

20. nǐ jué de zhōng xué shēng cháng cháng wánr diàn nǎo yóu xì hǎo bu hǎo wèi shén me
你觉得中学生常常玩儿电脑游戏好不好？为什么？
bù hǎo yīn wèi wánr yóu xì shí jiān tài cháng méi yǒu shí jiān zuò zuò yè
不好。因为玩儿游戏时间太长，没有时间做作业。
bú tài hǎo zhōng xué shēng yīng gāi duō yùn dòng cháng cháng wánr diàn nǎo yóu xì
不太好。中学生应该多运动，常常玩儿电脑游戏
duì shēn tǐ bù hǎo
对身体不好。
hěn hǎo wánr diàn nǎo yóu xì huì ràng nǐ kāi xīn gāo xìng
很好，玩儿电脑游戏会让你开心、高兴。

21. nǐ de kè wài shū duō ma nǐ xǐ huan dú nǎ yí lèi de kè wài shū
你的课外书多吗？你喜欢读哪一类的课外书？
wǒ yǒu hěn duō kè wài shū wǒ zuì xǐ huan dú de shì kē xué fāng miàn de shū
我有很多课外书，我最喜欢读的是科学方面的书。
wǒ zì jǐ mǎi de shū bù duō yì bān cóng tú shū guǎn jiè wǒ zuì xǐ huan kàn xiǎo shuō
我自己买的书不多，一般从图书馆借。我最喜欢看小说。
wǒ de kè wài shū bù duō wǒ xǐ huan dú zhōng wén gù shì shū
我的课外书不多，我喜欢读中文故事书。

NOTE: Related questions: 'Do you like reading?' 'Why do you like fiction/science books/ detective books/romance?'

22. jiǎn dān tán tan nǐ xǐ huan de yì běn shū li de rén wù jué sè
简单谈谈你喜欢的一本书里的人物/角色。
wǒ hěn xǐ huan hā lì bō tè wǒ tè bié xǐ huan zhè běn shū li de hā lì bō tè
我很喜欢《哈利·波特》，我特别喜欢这本书里的哈利·波特，
tā hěn cōng míng tā de mó fǎ hěn lì hai
他很聪明，他的魔法很厉害。
wǒ zuì xǐ huan de shū shì sān guó yǎn yì lǐ miàn de zhū gě liàng fēi cháng cōng ming
我最喜欢的书是《三国演义》。里面的诸葛亮非常聪明，
tā zǒng néng xiǎng chū hǎo bàn fǎ
他总能想出好办法。

23. zhōu mò nǐ yì bān zuò shén me
周末你一般做什么？
wǒ zhōu mò cháng cháng qù kàn diàn yǐng kàn diàn shì zuò yùn dòng gòu wù jiāo yóu
我周末常常去看电影（看电视、做运动、购物、郊游、
pá shān tīng yīn yuè huì cān jiā yuè duì qù bó wù guǎn cān guān
爬山、听音乐会、参加乐队、去博物馆参观……）。

24. nǐ zhù de dì fang shè qū huó dòng yǒu nǎ xiē nǐ jīng cháng cān jiā ma
你住的地方社区活动有哪些？你经常参加吗？
wǒ men shè qū jīng cháng yǒu gè zhǒng huó dòng yǒu zhōu mò lǚ yóu wǔ huì dì fang
我们社区经常有各种活动。有周末旅游、舞会、地方

lì shǐ jù lè bù ér tóng yóu xì bān xiǎo yuè duì
历史俱乐部、儿童游戏班、小乐队……
wǒ cān jiā de shí hou bù duō yīn wèi wǒ hěn máng méi yǒu shí jiān
我参加的时候不多，因为我很忙，没有时间。
yǒu xiē huó dòng wǒ hěn xǐ huan jīng cháng cān jiā
有些活动我很喜欢，经常参加。

chú le shàng mian tí dào de nǐ hái yǒu nǎ xiē xìng qù ài hào
25. 除了上面提到的，你还有哪些兴趣爱好？
wǒ yě xǐ huan xià qí zuò shǒu gōng jiǎn zhǐ zuò fàn dǎ pū kè lǚ yóu shū fǎ
我也喜欢下棋（做手工、剪纸、做饭、打扑克、旅游、书法、
jí yóu shè yǐng
集邮、摄影……）

NOTE: The examiner may extend the question according to your answers. For example:
'Why do you find doing that interesting?'
'What benefits do you gain from such hobbies?'
'Would like to find a job that is related to your hobbies in the future?'

Part Three Reading

You will read a range of authentic written materials of varying lengths, from signs, short statements, notes, etc., to paragraphs, letters, and longer passages. Usually you will have to finish at least 10 tasks. Most tasks elicit non-verbal responses, such as multiple choice, matching, cloze, etc. Up to 20% require responses in English and these are usually put at the end of the paper, where you may be asked to read a longer passage and answer the questions in English. Rest assured that you will not be required to write any Chinese characters in the reading paper.

The reading paper lasts 55 minutes and you can choose either the traditional character or the simplified character version. The total mark of the paper is 50.

Examination Techniques

- Predicting

  Before you read a text in detail, it is possible to predict what information you may find in it. After looking at the title, for example, you can ask yourself what you know and do not know about the subject before you read the text. By doing so, it will help you focus more effectively on the ideas in the text when you actually start reading.

- Skimming

  Skimming involves reading quickly through a text to get an overall idea of its contents and structure.

- Scanning

  Scanning involves looking for specific words and for particular details, especially those words and figures which are likely to provide answers to specific questions concerning such matters as number, date and so on.

- Detailed reading

  This focuses on detailed ideas, especially those needed to answer a particular question. This can be described as a more comprehensive reading. It involves a slower and more careful reading process.

- Guessing unknown words

  It is not necessary to uncover the meaning of every unknown word, but where it is necessary, as with high frequency words, the ability to guess meaning from context can be vital.

- Understanding the main ideas

  You need to be able to identify the main ideas of each paragraph and of the piece overall.

Preparations before the Exam

- Read both extensively and intensively. At the same time, try to enrich your knowledge about relevant topics, which may serve as background knowledge and assist comprehension when you read related materials later.

- Try to improve and enlarge your vocabulary. Reading is regarded as one of the most efficient ways to enrich vocabulary. Thus, it is helpful to write down the new words you encounter into a small notebook and refer to them from time to time.

- Practise with the practice questions provided in this book regularly and pay attention to the question design, the time limit and the types of materials.
- Practise the examination techniques.

When Taking the Exam

- Try to concentrate on the test paper only. Some people find that it is hard to concentrate due to nervousness. You need to think yourself into the 'examination' mood well before the test.
- Before reading the text itself in each task, scan its title and the questions to be answered; always bear the questions in mind while reading the text so that you can directly and effectively look for the answers to them.
- Before the exam finishes, make sure that you have answered all the questions. It is unwise to leave any question unanswered even if you are not totally sure about the answer.
- Mark or underline key words, signal words and important sentences on your test paper using a pencil and write notes in the margins if you find it can help you to answer the questions.

1. Reading Practice : Multiple Choice

1. 广告

例	丢失一个手机，如有人捡到，请打电话442-7693	D
（1）	丢失护照一本，失主电话523-5379	
（2）	出售中文书，感兴趣的人请打电话519-1533	
（3）	出售笔记本电脑，感兴趣的人请打电话881-8235	
（4）	出租单人房间，感兴趣的人请打电话215-4396	

选择正确答案，填在上面空格内。

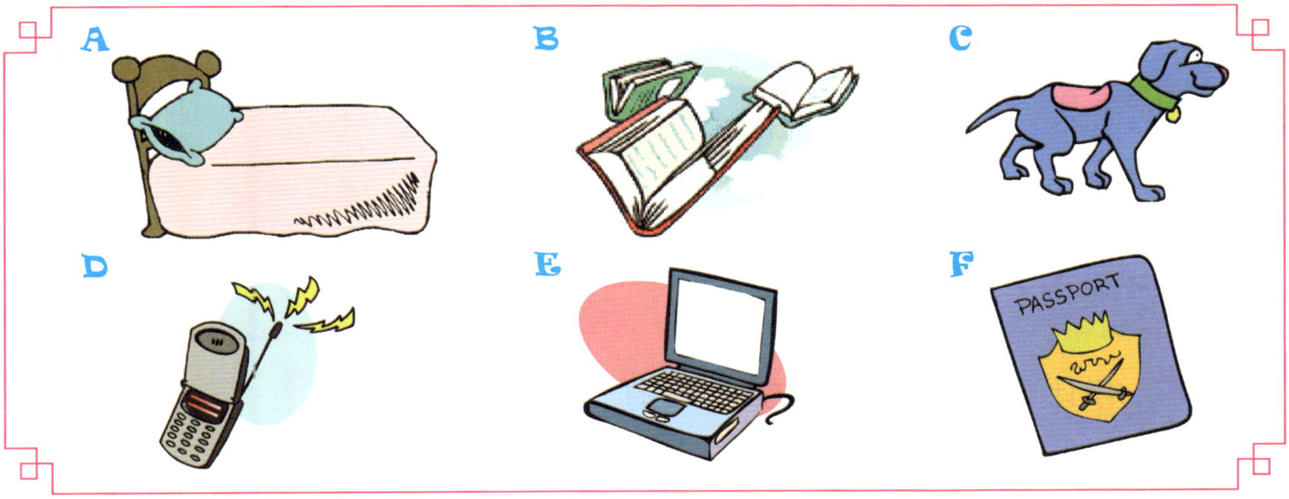

2. 我的家

选择正确答案，填在下面空格内。

(1) 客厅

门	A	地毯		窗		电视机	

(2) 书房

桌子	A	画		沙发		电脑	

3. 我的厨房

我的厨房里有：　冰箱　洗衣机　烤箱　收音机　餐具

Q: 厨房里有什么？在适当的空格内打√号。

A

B

C

D

E

F

G
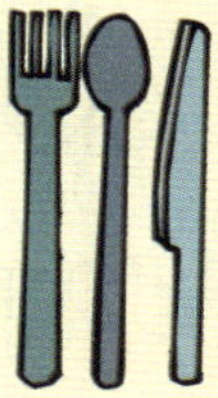
H

4. 我的一天

在适当的空格内打√号。

(1) 我每天早上七点起床。

A: 7:30	B: 8:00	C: 7:00

(2) 早饭吃面包和牛奶。

A

B

C
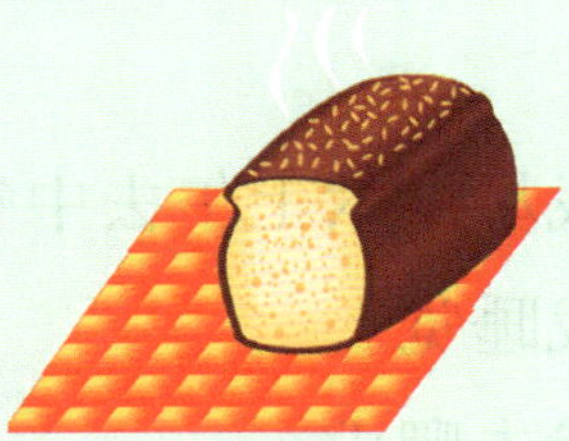

(3) 吃完早饭，我坐公共汽车去上学。

A

B

C

(4) 下午放学以后打篮球。

A
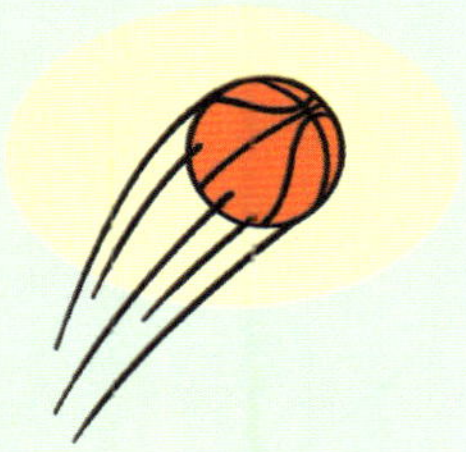

B

C

(5)晚上七点半吃饭。

5. 星期六上午

小丽：我星期六上午去中餐馆工作。

小明：我睡觉。

小强：我去爬山。

美美：我看书。

Q: 他们星期六上午做什么？选择正确答案，填在空格内。

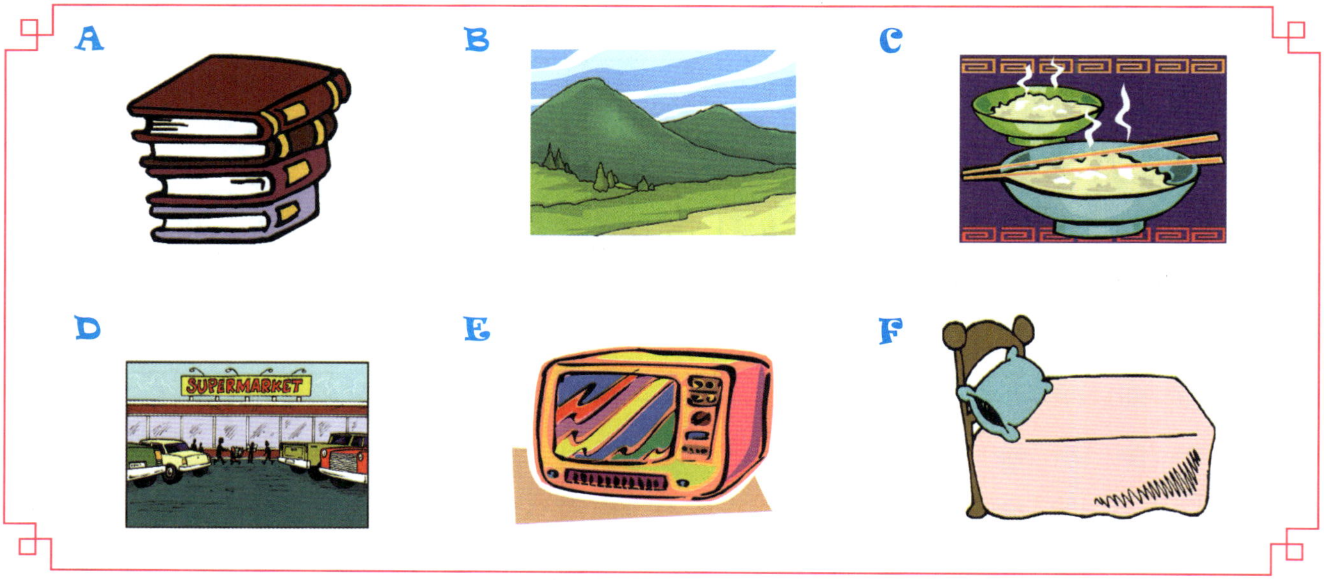

小丽	
小明	
小强	
美美	

6. 我的家庭

男	女
(1) 你今年几岁？	A 看电视、聊天。
(2) 你家里有几口人？	B 很忙。
(3) 你爸爸做什么工作？	C 大学一年级。
(4) 你爸爸工作忙吗？	D 一块漂亮的手表。
(5) 你妈妈每天送你上学吗？	E 十岁。
(6) 你哥哥上几年级了？	F 不，我坐公共汽车上学。
(7) 吃完晚饭以后，你们全家人做什么？	G 四口人，爸爸、妈妈、哥哥和我。
(8) 明天就是你的生日了，你最希望得到什么礼物？	H 他是工程师。

选择正确答案，填在空格内。

男的问	女的答
(1)	
(2)	
(3)	
(4)	
(5)	
(6)	
(7)	
(8)	

*7. 生日

今天是妈妈的生日，我们全家人一起到一家有名的意大利餐馆为妈妈庆祝。我要的头盘是海鲜，主菜要了这家餐馆有名的比萨饼，还要了巧克力蛋糕。妈妈收到了很多生日礼物，不过她最喜欢的还是我和妹妹一起送给她的相册，里面放了很多我们的照片。爸爸送给妈妈一条很漂亮的围巾，妈妈也很喜欢。

(1)他们庆祝什么？在适当的空格内打√号。

A

B

C

(2)他们在哪里庆祝？在适当的空格内打√号。

A

B

C

(3)我要了什么菜？指出三样，在适当的空格内打√号。

A

B

C

D

E

F

(4)妈妈收到了什么礼物？指出两样，在适当的空格内打√号。

A 

B 

C 

D 

E 

F 

8. 他们可以做什么工作？

A 小梅：我会熟练地使用电脑。

B 小军：我喜欢在家工作，不想天天去上班。

C 明明：我的中文很好，我很想教别人中文。

D 小华：我跳舞跳得很好，也很喜欢跳舞。

E 小平：我很会做饭，中餐、西餐都会做。

F 美美：我的专业是医学。

选择正确答案，填在空格内。

语言教师	C	舞蹈演员	
医生		办公室秘书	
厨师		作家	

9. 为什么不能来上课？

张老师收到下面的几张请假条。

我的儿子明明，昨天打篮球，脚伤了，医生让他今天休息。

我的女儿小梅今天不能来上课了，因为她感冒了，还发烧。

昨天我带女儿李莉去餐馆吃饭，回来以后她就开始胃痛，我想她今天可能不能来上课了。

下星期我们打算全家去中国过春节，不知道小虎能不能向您请假？

晓云昨天晚上开始牙疼，到现在还没有好。所以我要带她去医院，今天上午的课不能去了。

Q: 他们为什么不能来上课？选择正确答案，填在空格内。

明明	A
小梅	
李莉	
小虎	
晓云	

A

B

C
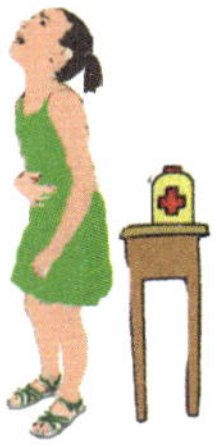

D

E

F

10. 他们周末做什么？

小梅周末在超市打工。

小军周末和爸爸妈妈去滑雪。

这几个周末，明明都是在家看电视，哪儿都没去。

小华这个周末要去图书馆查资料。

小平这个周末不能休息，他要去采访。

美美这个周末去郊区骑马。

小海去看望一个朋友。

李莉这个周末要上网，和在中国的朋友聊天。

选择正确答案，填在空格内。

小梅	D	小平	
小军		美美	
明明		小海	
小华		李莉	

*11. 工作广告

下面哪些说法是正确的，在适当的空格内打√号。

A　这是一家餐馆需要服务员。	
B　不需要工作经验。	
C　每个星期最多休息2天。	
D　他们希望招收女士。	
E　必须会说两种语言。	
F　必须大学毕业。	
G　必须有好的性格。	
H　可以提供住宿。	

12. 天气预报

选择正确答案，填在空格内。

例	悉尼，大风，18~25 °C	C
(1)	北京，晴，28～34°C	
(2)	伦敦，雪，1~5 °C	
(3)	上海，多云，26~30 °C	
(4)	纽约，小到中雨，15~21 °C	

A

B

C

D

E

F

13. 圣诞礼物

这个圣诞节，我收到很多朋友给我的圣诞卡。爸爸送给我一双很好看的球鞋，妈妈给我买了一条裙子。爸爸还送给妈妈一台笔记本电脑。妈妈送给爸爸一台收音机。

Q: 圣诞节我们收到什么礼物？选择正确答案，填在空格内。

例	爸爸收到	E
	我收到	
	妈妈收到	

A

B

C

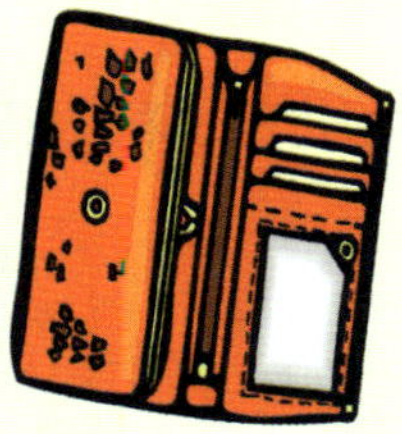

D

E

F

*14. 百货商店

一层：食品超市
二层：化妆品、首饰、鞋帽
三层：衣服
四层：音响电器
五层：家具

Q: 他们要去哪一层？选择正确答案，填在空格内。

(1) 我想买一个沙发。 第（　　）层

(2) 我想给我女朋友买一条裙子。 第（　　）层

(3) 我想买一台新的电视机。 第（　　）层

(4) 我要买一些蔬菜和水果。 第（　　）层

15. 找人

A 我今年15岁，喜欢写文章，我想找笔友，最好能和我用中文和英文通信。

B 我明年就要上大学了，所以我今年想去有山有水的地方旅游，不知道有没有人愿意和我一起旅游。

C 我在上大学，我喜欢弹钢琴，我想找钢琴老师。

D 我从小练习画画，现在有很多作品，我想展出我的作品。

E 我喜欢唱歌，我想组一个乐队。

F 我正在学法文，想练口语。

Q: 他们应该和谁联系？选择正确答案，填在空格内。

小明：我是钢琴老师。	C
小方：我是法国人。	
悠悠：我喜欢音乐。	
豆豆：我会说中文和英文。	
美美：我想去风景美丽的地方玩。	
大龙：我是美术馆的工作人员。	

*16. 对话

售货员	顾客
(1) 请问您想买些什么？	A 领带啊，我爸有很多了。
(2) 小姐想买什么样的礼物呢？	B 好的，谢谢。
(3) 送条领带怎么样？	C 那就棕色的吧。
(4) 那这种样式的钱包呢？	D 想给我父亲买份生日礼物。
(5) 这种样式的呢？	E 这种样式还不错，就是颜色不怎么好看，还有别的颜色吗？
(6) 有黑色、棕色和深黄色三种颜色。你喜欢哪种颜色呢？	F 我还不知道送什么好，您说呢？
(7) 谢谢，158元。	G 嗯，送钱包是个好主意。可这种样式不好看。
(8) 前面向左转。	H 在哪里付款？

选择正确答案，填在空格内。

售货员	顾客	售货员	顾客
(1)		(5)	
(2)		(6)	
(3)		(7)	
(4)		(8)	

17. 看电影

星光影院今日上映

第一场 15:00 — 16:20
第二场 16:30 — 18:30
第三场 18:40 — 20:50
第四场 21:10 — 23:00

他们看哪场电影？

(1) 小赵：我看完电影是晚上六点半。 第（ ）场

(2) 小明：我预定了下午三点的票。 第（ ）场

(3) 小张：我下午三点半下班，一小时后去看电影。 第（ ）场

(4) 小刘：我今天晚上先和朋友吃饭，然后看电影。我看完电影已经晚上11点了。 第（ ）场

18. 我们的宿舍楼

A 小明：我住在二楼左边的房间里。

B 大龙：我的房间是一楼中间的那一间。

C 小方：我的房间在二楼的右边。

D 小张：我在一楼的左边。

E 小赵：一楼右边的那个房间是我的。

Q: 他们住在哪里？选择正确答案，填在空格内。

(1)				(5)		二楼
(2)		(3)		(4)		一楼

19. 我的生活

Q: 他谈到什么？在适当的空格内打√。

(1) 我8岁以前是在中国的南方度过的。

☐ A. 家庭

☐ B. 小时候

☐ C. 旅游

(2) 最难忘的是那里漂亮的风景。

☐ A. 景色

☐ B. 爱好

☐ C. 住的地方

(3) 我的小学就在离家不远的地方。

☐ A. 学校

☐ B. 家人

☐ C. 朋友

(4) 放学以后，我常常和同学一起踢足球。

☐ A. 友情

☐ B. 学习

☐ C. 运动

*20. 我们的节日

Q: 他谈到什么？在适当的空格内打√。

(1) 小孩子都喜欢儿童节。

☐ A. 爱好

☐ B. 生日

☐ C. 节日

(2) 每年的这一天，我的学校都有一些特别的活动。

☐ A. 学校的课

☐ B. 庆祝儿童节

☐ C. 学生俱乐部

(3) 爸爸妈妈还会带我去好玩的地方，拍一些有意思的照片。

☐ A. 摄影展览

☐ B. 国外旅行

☐ C. 家庭活动

(4) 虽然有些累，可是非常开心。

☐ A. 心情

☐ B. 生病

☐ C. 活动

21. 中国的节日

A

B

C

D

E

F

选择正确答案，填在空格内。

(1)	中秋节，月亮又大又圆	
(2)	元宵节，人们看花灯，吃汤圆	
(3)	春节的时候人们放鞭炮、烟花	
(4)	端午节里人们吃粽子，划龙舟	

22. 秀水镇地图

B 汽车站

C 茶馆

F 小镇博物馆

A 秀水湖

D 中餐馆

E秀水山

Q: 他们可以去哪儿？选择正确答案，填在空格内。

例 (1) 我想去爬山。	E
(2) 我想去吃饭。	
(3) 我想去钓鱼。	
(4) 我要去别的城市	
(5) 我想了解小镇的历史。	

*23. 通知

六月三十号

景点：美术馆、植物园、海滩、水族馆。
注意事项：海滩可以游泳，但要注意安全。

(1)这个通知的主要内容是什么？在适当的空格内打√。

☐ A. 旅行计划

☐ B. 自然风景

☐ C. 体育运动

(2)他们要去哪里？在适当的空格内打√。

A

B

C

D

E

F

24. 在动物园

男	女
(1) 我想去动物园，请问还有多远？	A 向左走30米，就是动物园的大门。
(2) 怎么走？	B 鳄鱼馆和百鸟园都不错。
(3) 熊猫馆是在大门附近吗？	C 你离动物园已经很近了。
(4) 除了熊猫馆，还有什么可看的？	D 是，不远。

选择正确答案，填在空格内。

男的问	女的答
(1)	
(2)	
(3)	
(4)	

*25. 你的脸色不太好

妈妈	孩子
(1) 你的脸色不太好。病了吗？	A 可我既不发烧，也不咳嗽，也不流鼻涕。应该没有感冒。
(2) 除了累，还有哪里不舒服？	B 没有。我只是很累。
(3) 是不是感冒了？	C 没有胃口，不想吃饭。
(4) 可能是昨天晚上看电视看得太晚，没有好好休息吧？	D 可能是吧。眼睛也有点疼。

选择正确答案，填在空格内。

妈妈问	孩子答
(1)	
(2)	
(3)	
(4)	

26. 放学后

男	女
(1) 中国小学生的家庭作业多吗？	A 玩啊，比如和同学一起跳绳，踢足球。
(2) 他们每天要花多少时间写作业呢？	B 有的爸爸妈妈太忙了，没有时间。
(3) 放学后他们做什么？	C 很多。
(4) 他们的父母不和他们一起玩吗？	D 差不多一个半小时吧。

选择正确答案，填在空格内。

男的问	女的答
(1)	
(2)	
(3)	
(4)	

27. 今天是中国人的传统节日

彼得	小丽
(1) 我发觉我的中国朋友今天特别高兴。这是为什么？	A 中秋节。
(2) 什么节日？	B 这一天晚上的月亮最圆。
(3) 它和别的节日有什么不一样？	C 我们在这一天吃月饼，看月亮。
(4) 你们怎么庆祝这个特别的节日？	D 因为今天是中国人的传统节日。

选择正确答案，填在空格内。

彼得问	小丽答
(1)	
(2)	
(3)	
(4)	

28. 爱好

我叫悠悠，今年八岁，读小学三年级。我的家在中国，我家里有爷爷、奶奶、爸爸、妈妈和我。我喜欢弹钢琴，会弹许多首曲子。

我叫Tina，我比悠悠大一岁，和悠悠一个年级，但我的家在英国，我的爸爸是英国人，妈妈是意大利人。我喜欢跳舞，特别喜欢跳芭蕾舞。

我有一个妹妹，叫Sarah，她比我小四岁，还没有上小学。Sarah喜欢游泳。

(1) 她们多大了？在适当的空格内打√号。

	悠悠	Tina	Sarah
5岁			
6岁			
7岁			
8岁			
9岁			

(2) 她们读几年级？在适当的空格内打√号。

	悠悠	Tina	Sarah
幼儿园			
一年级			
二年级			
三年级			
四年级			
五年级			

(3) 她们喜欢什么？选择正确答案，填在空格内。

A

B

C

D

E

F

悠悠		Tina		Sarah	

29. 俱乐部

周五俱乐部

A 音乐　（204房间）

B 体育　（体育馆）

C 小说　（205房间）

D 动物学　（221房间）

E 摄影　（307房间）

Q: 他们可以去哪个俱乐部？选择正确答案，填在空格内。

(1)	我喜欢唱歌。	
(2)	我喜欢拍照。	
(3)	我想学跳水。	
(4)	我很喜欢研究鸟类。	

30. 提示牌

A 山上请不要点火。

B 前方100米有十字路口。

C 请放好桌椅。

D 保护环境，请不要钓鱼。

Q: 这些提示牌应该出现在什么地方？选择正确答案，填在空格内。

(1)河流	(2)教室	(3)城市

31．运动员

在适当的空格内打√号。

(1)我是一名滑冰运动员。

A

B

C

(2)我每天早上八点就到体育馆训练。

A

B

C

(c)我以后打算去学管理，将来做生意。

A

B

C

32. 今天下午

今天下午，我跟班上的同学一起玩。我们先到学校门口集合，然后一起去体育中心。女同学想去那里游泳，打网球。男孩子们想打篮球比赛。

(1)这段话谈论什么？在适当的空格内打√。

☐ A. 吃饭

☐ B. 运动

☐ C. 工作和学习

(2)作者提到了什么？在适当的空格内打√。

A

B

C

D

E

F

2. Reading Practice : Cloze

*1. 我和李小姐

我叫张华。我______(1) 北京来，我现在住在李小姐家。李小姐是我姐姐的好朋友。

她的家______(2) 不大，可是很______ (3)，空调、烤炉、冰箱、______ (4) 和吸尘器，______(5) 都有。她还______(6) 我买了新的衣柜和书桌。______(7) 的时候，我和李小姐经常一起去伦敦的中国城______(8)。那儿的饭菜很好吃。

选择正确答案，填在空格内。

A: 方便
B: 什么
C: 洗衣机
D: 周末
E: 虽然
F: 从
G: 给
H: 吃饭

2. 中国的熊猫

到中国，不能不去看______ (1)。熊猫是中国的______ (2)，所有中国人都很______ (3) 熊猫。我在北京______ (4) 见过几只。我去的时候，他们______ (5) 在睡觉，有的在玩，有的在______ (6)东西，都很______ (7)。我给它们拍了很多______(8)，拿给我在英国的______ (9)看，这是我在中国旅游的纪念。

选择正确答案，填在空格内。

A: 朋友
B: 动物园
C: 有的
D: 照片
E: 喜欢
F: 可爱
G:熊猫
H:宝贝
I: 吃

3. 学中文

我叫 Mark，在英国的______ (1) 学习。我快要______ (2)了，现在正在______ (3) 中学会考。我要考中文。我们的中文老师是一个______ (4)，她的______ (5) 说得很好，上课很有意思，人也很______ (6)，所以我很喜欢上______ (7)。但是汉字很难写。所以我经常______ (8) 写汉字。我希望将来能去______(9)。

选择正确答案，填在空格内。

A: 中国
F: 准备
B: 中学
G: 汉语
C: 练习
H: 毕业
D: 中文课
I: 漂亮
E: 英国人

4. 兼职工作

我有一个______ (1)，想来我们学校的图书馆______ (2)。他正在上______(3)，以前在别的学校______ (4) 也做过兼职。他会电脑，人也很______ (5)。他可以来______ (6)吗？哦，他说他每个______(7) 周一到周四都可以来工作，只有周五______(8)。

选择正确答案，填在空格内。

A: 好
E: 图书馆
B: 朋友
F: 大学
C: 不行
G: 兼职
D: 试一试
H: 星期

5. 叫外卖

今天是星期六，但是我却不能______ (1)，因为下周我和一个同学要参加学校的______(2)。我打算______(3) 一首日文歌，我的同学给我伴奏。我们练了一个上午，肚子很______(4)。我们决定打______ (5) 叫外卖。我______(6)了面条，我同学要了海鲜______(7)。吃完饭以后，我们喝了果汁和______(8)。

选择正确答案，填在空格内。

A: 电话
B: 唱
C: 要
D: 休息
E: 汽水
F: 炒饭
G: 饿
H: 表演

6. 我的家人

我的家有五口人，爷爷、爸爸、妈妈、哥哥和我。我的爸爸是一个______ (1)，他工作的医院离家很______ (2)，所以他每天很早就______ (3)。爸爸工作很忙，所以______ (4) 大部分是妈妈做的。爷爷已经______(5) 了，他最大的爱好就是______(6)。哥哥已经______ (7)了，在法国的一个公司，我很想他。周末的时候，爸爸带着我和妈妈去看电影，有时候也去听______(8)。

选择正确答案，填在空格内。

A: 退休
B: 工作
C: 医生
D: 音乐会
E: 看报
F: 家务活
G: 远
H: 起床

*7. 来信

你好！我叫Mark，我的家在英国伦敦。我在英国______(1)。工作以外，我喜欢去______ (2)，我也喜欢上网。每个星期我和朋友们打两次______ (3)，______ (4)也和他们去电影院。我有几个笔友，我常常在互联网上给他们______ (5)。我希望我们能成为好______ (6)。我的中文不太好，希望你能______ (7) 我。明天就是中国的______(8)了，祝你新年好！

选择正确答案，填在空格内。

A: 朋友

B: 写信

C: 春节

D: 帮助

E: 做生意

F: 篮球

G: 博物馆

H: 有时候

*8. 到动物园去

叔叔带我和妹妹去______(1)玩。动物园里有大象、老虎、狮子、河马，______(2)猴子。叔叔问我们：“你们______(3)喜欢什么动物?”妹妹说：“______(4) 很高大，______(5)很长，我最喜欢。”我说：“我喜欢猴子，因为他会吃______(6)，还会______(7)，所以猴子最______(8)。”

选择正确答案，填在空格内。

A: 大象

B: 爬树

C: 好玩

D: 香蕉

E: 鼻子

F: 动物园

G: 还有

H: 最

*9. 购物

今天我和爸爸妈妈去了北京______ (1) 商场。那个商场很大, ______ (2) 有十层楼, 每层楼都卖______ (3) 的东西，卖衣服的分为儿童服饰馆、______ (4) 馆、男士馆等等。______ (5) 商场太大，我和妈妈、爸爸都走得很______ (6) 。 最后，______ (7) 给我和爸爸各买了一双______ (8) 。

选择正确答案，填在空格内。

A: 一共
B: 女装
C: 因为
D: 鞋
E: 累
F: 妈妈
G: 最大的
H: 不一样

10. 看病

我昨天突然觉得______ (1) 疼，在家里吃了两次______ (2) 都没有什么用。所以我就去看______ (3) 。医生问我有没有______ (4) ，我说没有，但觉得很累。他又问我之前吃了什么，我想起来我昨天晚上吃了很多______ (5) 和牛肉。医生说我吃坏了肚子，就给我开了一些药，让我一天吃______ (6) ，一次两片，______ (7) 才能服用。

选择正确答案，填在空格内。

A: 饭后
B: 鱼
C: 肚子
D: 药
E: 发烧
F: 医生
G: 三次

3. Reading Practice : Longer Passages

1. 爸爸的记事本

我爸爸今年六十一岁了，去年退休。以前他是做生意的商人，工作特别忙，每天很早就去上班，晚上八九点才回来。我小的时候，只有星期天才能看见他。因为每天早上他走的时候我还没有起床，晚上他回来的时候我已经睡着了。

因为工作忙，爸爸的生活总是很有计划。一个星期七天，每天做什么，什么时候做，他都是一个星期以前就写在一个记事本里了，这个本子他天天带着。时间长了，他越来越离不开这个本子了。

现在，他退休了，没有那么多事要做了，可是他还是要用记事本。上星期天，他和妈妈约好晚上七点半看电影，看电影以前先去一家有名的中国餐馆吃饭。因为妈妈下午还有别的事，所以他们说好五点半在餐馆门口见。可是爸爸在本子上写的见面时间是六点半，所以妈妈等了他一个小时。妈妈很生气，没吃饭，电影也没看就回家了。

Answer the following questions in ENGLISH.

(1) How old is the writer's father?

(2) What was his father's life like before he retired? Give THREE details.

(3) Why is the diary very important to his father?

(4) What TWO things did the writer's parents plan to do together last Sunday?

(5) What made his mother angry last Sunday? What did his parents do then?

2. 自己的房子

我叫约翰(John)，是从加拿大来的。我在北京已经工作四年了。刚来中国的时候，我只会说两句汉语：“你好”和“再见”，所以我在一所大学学了一年半的汉语。后来我在一家电脑公司找到了工作，并且在离公司不远的地方租了一套公寓。房间很大，有一个卧室、一个客厅、一个厨房、一个厕所和浴室，还有一个很宽敞的阳台。我对我的工作和房子都很满意。

去年，在一个朋友的家里，我认识了一个漂亮的女孩儿。我们打算今年结婚。所以，我现在要买一个房子，有一个自己的家。我们选房子的标准是：第一，交通方便，离我的公司比较近；第二，附近的风景好，污染少；第三，有停车的地方。最近，我们看了很多卖房广告，有几个地方还不错，我们想一有空就去这些地方看看。

Answer the following questions in ENGLISH.

(1) Why did John decide to learn Chinese? How long did he learn it?

(2) Where does John work and live?

(3) What's John's current apartment like? Give AT LEAST THREE details, for example, location, rooms and John's opinion of it, etc.

(4) Why has John decided to buy a new house?

(5) What are the criteria for John in choosing his new house? Give THREE details.

*3. 请客吃饭

最近，我们家住上了新房子。这个周末，爸爸想请他的几个老朋友来我家吃晚饭。爸爸说平时大家工作都很忙，没有什么机会在一起聊天，所以他们都打算趁这个机会好好聚一聚。

一大早，我们全家人就开始打扫新房子，等待客人们的到来。我和妈妈还去了趟超市。这个超市就在我家附近，虽然不太大，可鸡、鸭、鱼、肉、鸡蛋、水果、蔬菜，什么都有，也都很新鲜，价格也不贵。妈妈列了菜单，有海鲜、蔬菜，饭后还有水果和蛋糕。从超市回来，已经下午两三点钟了，所以我们就开始做饭。

下午四五点钟，所有的客人都来了。他们带了好多礼物，有鲜花、唱片、书，不过我最喜欢其中一个阿姨送给我的一本介绍中国书法的书。我一直对中国书法很感兴趣，所以我一定会好好看这本书的。

吃完了一顿丰盛的晚餐以后，大家就开始聊天，还跳了会儿舞。

所有人都玩得很高兴。

Answer the following questions in ENGLISH.

(1) What did the writer's father decide to do last weekend?

(2) What is the supermarket like? Give AT LEAST FOUR details, for example, location, goods, quality and price, etc.

(3) What preparations did they make?

(4) When did the guests arrive?

(5) What did the guests bring? Which is the writer's favourite?

(6) What did they all do that night?

4. 我的课余生活

我来自英国，现在在北京学习中国历史。从星期一到星期五，我们每天上午都有4节课。星期二和星期四下午也有课。我们的学习比较紧张。

除了上课，我还参加其它一些活动，比如书法班、太极拳班。我喜欢书法，每天我都要写一个小时。我的书法作品参加了学校组织的留学生书法展。我也喜欢打太极拳，这是一种很好的运动。每星期一和星期四下午5点，我要参加学校的太极拳班，每次一个小时。

我还喜欢看书，下午没课的时候，我常常去学校的图书馆借书、看书。我最喜欢介绍中国的过去和现在的书。

假期的时候，我常和朋友去中国各地旅行。我参观过不少历史悠久的地方，也到过一些有名的城市。旅行使我看到了美丽的风景，了解了中国的文化。

Answer the following questions in ENGLISH.

(1) Where is the writer from and what is he studying now?

(2) When does he have classes?

(3) What extra-curricular activities does he do? How often does he practise them?

(4) What does he do in the afternoons when there is no class?

(5) What does he do on vacation? How does he benefit from that?

5. 小记者的采访

我们学校的互联网上有一个节目，叫《学校新闻》，校长请我和明明做这个节目的记者，他还给我们买了录像机和录音机。我们每天都去采访学校的老师和学生，也采访本地的名人。这个工作很有意思，我很喜欢。我们今天的工作是采访学生，问他们零用钱怎么花。我到学校的时候，明明正在采访我们班的同学。

明明：你们好，我是《学校新闻》的记者。请问，你们都有零用钱吗？

被采访者：每个人都有。

明明：谁给你们零用钱？

被采访者：父母给我们，我们也兼职赚钱。

明明：你们的零用钱怎么花？

被采访者：买书、买唱片、看电影、跟朋友一起吃饭。

明明：你跟朋友一起去饭馆吃饭的时候，谁付账单？

被采访者：我付一半，我的朋友付一半。

明明：谢谢你。

Answer the following questions in ENGLISH.

(1) What's the name of the programme? Where is it broadcast?

(2) Who invited Mingming and the writer to be reporters on this programme? What equipment did he get them?

(3) Who did they interview?

(4) What's today's topic?

(5) According to the interview, where is the students' pocket money from? And how is it spent?

(6) According to the interview, how do the interviewee and his friends pay restaurant bills?

*6. 小丽生病了

小丽刚到英国一个星期，就生病了。她头疼，发烧，嗓子疼，一到晚上就咳嗽。因为没有胃口，她什么东西都不想吃。她生病的第二天，爸爸妈妈带她去看了医生。大夫给她检查了一下，说她得的是感冒，让她打了一针，给她开了一些药，还让她多喝水，躺在床上休息。

老师和班上的同学知道她生病了，都给她打电话。昨天早上，老师去她家里看她，给她送去了鲜花和水果。小丽很高兴。她对老师说，爸爸妈妈工作很忙，家里经常就只有她一个人，所以就很想念在中国的朋友和亲人，这也是生病的一个原因。不过，她的病在好转，下个星期她就可以去上课了。

Answer the following questions in ENGLISH.

(1) What was the matter with Xiaoli? How did she feel? Give at least THREE details.

(2) What was the doctor's treatment? Give THREE details.

(3) What did her teacher and classmates do after they knew she was ill? Give TWO details.

(4) What might be one of the causes of Xiaoli's illness?

(5) When will Xiaoli go back to school?

*7. 机场和剧场

我的美国朋友John来到中国一年多，在北京首都剧场附近开了一家小公司，生意很好。有一天因为工作太忙，大家都没有吃午饭。John为了给大家买吃的东西，就叫了一辆出租车，到一家快餐店去买汉堡包。买完东西又叫了一辆出租车往回赶。这是位漂亮的女司机，她问，“请问您去哪儿？” John说，“首都jī场。”司机看我的朋友是外国人，就和他聊起了天，问他喜不喜欢北京，喜不喜欢中国，喜不喜欢中国菜，去过中国的哪些地方，等等。走了很长时间，John觉得方向走错了。司机说没错，这就是去首都机场的路。John一听，忙说，“我不是去‘首都机场’，我是要去‘首都剧场’。司机觉得奇怪，问道，“您不是告诉我要去首都机场吗？”John这才发现是自己说的普通话发音有问题，只好对司机说，“对不起，我的汉语说得不好，刚才没讲清楚。”

Answer the following questions in ENGLISH.

(1) What does John do in Beijing?

(2) Why did John go to the fast food restaurant one day?

(3) Why was John sent to the wrong place by a taxi driver?

(4) What questions did the taxi driver ask John? Give THREE details.

8. 大卫在中国

我叫大卫，是马来西亚的留学生。我来中国已经半年了，但对这儿的生活还不太习惯。在马来西亚，每天我睡得比较晚，起得也比较晚，早上八点多钟才起床；可是在这儿，七点半钟就不得不起来了。

起床后我只有半个小时的时间，经常都没有时间吃早饭。中午我在学校的食堂吃午饭。学生很多，所以我要排很长时间的队。下午上完课，我就去体育馆锻炼身体，跑步、游泳、打网球或者跟老师学打太极拳。我每天锻炼一个小时，身体一直很健康。晚上的时间我用来练习汉语听力，比如听课文录音，听广播节目，看电视新闻等等。每个星期天的上午我都去公园参加中国学生的英语对话活动。在那里，我可以认识很多中国学生，他们很多人都很好，愿意和我一半时间说英文，一半时间说中文。

Answer the following questions in ENGLISH.

(1) How long has David been in Beijing? Why does he find it difficult to get used to the life here?

(2) What does David say about his breakfast and lunch?

(3) What sports does David do after class in the afternoons? Give FOUR examples.

(4) How does David improve his listening comprehension of Chinese? Give THREE examples.

(5) How does David improve his spoken Chinese?

*9. 第一个留学生容闳 (Rong Hong)

一八四七年一月四日，一个不到十九岁的中国青年，在广州的黄浦港登上一艘向美国运送茶叶的帆船，去美国求学。三年后，那位青年考入了耶鲁大学(Yale University)。他就是中国近代历史上第一个留学生—容闳。

容闳从六岁开始读书，后来因为父亲去世、家庭贫困退了学。十二岁时，他到了澳门，进入当地的一所教会学校（missionary school）学习。这所学校有五个中国孩子，他是年龄最小的一个。孩子们在学校上午学习数学、地理和英文，下午学习中国语文。一八四六年八月的一天，一个决定改变了容闳的一生。那一天，勃朗先生（Mr Brown)来到班上，说他想带几个学生去美国继续学习，如果谁愿意跟他一起走，请站起来。容闳第一个站了起来。接着又有两个同学站起来。晚上，当容闳把自己的决定告诉母亲时，母亲哭了，因为美国太远了，他去了美国就不能回来看母亲，母亲也不能去美国看他。但母亲最后还是同意了。容闳后来说："在大学的最后一年，我已经想好了我将来做什么。我希望下一代的中国青年能有机会接受我受过的教育，而通过西方的教育，中国或许可以变得文明、强大。"

(adapted from http://www.baiyun.net/jishi/oversea/002-1.htm容闳 白云书库)

Answer the following questions in ENGLISH.

(1) How old was Rong Hong when he left for America?

(2) For what reasons did he discontinue his school studies for a while? Give TWO.

(3) What subjects did he study at the local missionary school?

(4) What decision did he make that changed his whole life?

(5) Why did his mother cry when he told her his decision?

(6) What did he wish for when he was in his last year at university?

10. 人物传记——李嘉诚

李嘉诚1928年出生在广东，父亲是小学校长，家庭环境很好。

李嘉诚从小就很聪明，3岁的时候就能够背很多古代诗歌，5岁的时候已经可以看很多古代的文章。12岁的时候，李嘉诚和父母来到了香港。

李嘉诚13岁那年，父亲病重入院，去世前一天，李嘉诚很有自信地告诉爸爸："我们一家人，一定会生活得很好！"

父亲去世后，李嘉诚开始工作。他找到了一份销售员的工作。他很努力地工作，每天工作十六到二十个小时。别人在休息、喝茶的时候，他却在工作。所以，他很快成为公司中最优秀的员工。

1950年，李嘉诚决定自己开公司，他在几十年之后成了华人中最富有的人。李嘉诚从来没有忘记过故乡，他为故乡捐了很多钱，做了很多事。他曾经说过："我是中国人，我爱自己的国家。"

(adapted from 《影响中小学生成长的66个人物》，2006)

Answer the following questions in ENGLISH.

(1) When was Li Jiacheng born and when did his family move to Hong Kong?

(2) Why was Li Jiacheng regarded as very intelligent when he was a little boy? Give TWO details.

(3) What did Li Jiacheng say to his father before his father died?

(4) How hard did he work? Give TWO details.

(5) When did he start to run his own business?

(6) What was his attitude toward his own country after he became very successful?

*11. 刘育熙

刘育熙从小就很喜欢音乐，很早就开始学习小提琴和钢琴等中外乐器。1983年，刘育熙来到法国。在那里，刘育熙获得了很大的成功。法国国家电台向全欧洲播放了他的音乐会，他在法国最好的音乐厅举办了独奏音乐会，法国一家很有名的唱片公司为他录制了两张唱片。

回到中国，刘育熙开始做音乐老师，他也在全国开音乐会，不收门票。他想通过他的努力，让越来越多的中国人学会听音乐。

1990年秋至1991年春，刘育熙再次在巴黎成功地举办了两场音乐会。1995年，他在英国和法国举行演奏会，受到热烈欢迎。1996年春，刘育熙到德国演出，一共举行了八场音乐会。他除了演奏欧州音乐大师的经典作品外，还演奏了几首中国作品，获得很大的成功。德国报纸赞扬：“刘育熙的演奏架起了东西方文化的桥梁”。

(adapted from http://www.whoswhochinese.com/wsw01/liuyuxi.htm)

Answer the following questions in ENGLISH.

(1) What musical instruments did Liu Yuxi learn since childhood?

(2) What success did he achieve when he was studying in France? Give THREE details.

(3) What did he do after he returned to China? Give TWO details.

(4) Why did he do those two things?

(5) From 1990 to 1996, in which countries did he give concerts? Name THREE.

12. 公共图书馆

我们市的图书馆在市区中心，只要走两分钟就可以到公共汽车站，附近还有一些大型商场，可以购物。图书馆的左边还有一个很大的博物馆，里面经常有国际展览。图书馆的书很多，但最多的还是科技和地理书。我最喜欢的是图书馆的二层，因为在这一层有一个书架全都是中文书和电影、电视光盘。书架最下面一层是小孩子看的书和电影、电视光盘，中间一层是一些中文的杂志和报纸，最上面一层是中文的新书和新电影光盘。要成为图书馆的会员很简单，只要填一个表，写上你的名字、出生日期、国籍、住址、性别和电话号码就可以了。

Answer the following questions in ENGLISH.

(1) Where is the library?

(2) What other facilities are there near the library? Give THREE details.

(3) Why does the writer like the second floor the best?

(4) What is in the Chinese collection? Give THREE details.

(5) What information do you need to give in order to become a member of the library?

4. Keys

Reading Practice 1: Multiple Choice

1.

(1)	F
(2)	B
(3)	E
(4)	A

(5)	F
(6)	C
(7)	A
(8)	D

2. (1)

地毯	C
窗	F
电视机	D

(2)

画	F
沙发	E
电脑	C

3. A D E F G

4. (1) C (2) A C (3) B (4) A (5) A

5.

小丽	C
小明	F
小强	B
美美	A

6.

男的问	女的答
(1)	E
(2)	G
(3)	H
(4)	B

*7. (1) A (2) B (3) BDE (4) CD

8.

医生	F
厨师	E
舞蹈演员	D
办公室秘书	A
作家	B

9.

小梅	D
李莉	C
小虎	E
晓云	B

10.

小军	F
明明	C
小华	G
小平	H
美美	E
小海	A
李莉	B

*11. A C D E G

12. (1)B (2)D (3)E (4)A

13.

我收到	ADF
妈妈收到	B

*14.

(1) 第（ 五 ）层
(2) 第（ 三 ）层
(3) 第（ 四 ）层
(4) 第（ 一 ）层

15.

小方	F
悠悠	E
豆豆	A
美美	B
大龙	D

*16.

售货员	顾客
(1)	D
(2)	F
(3)	A
(4)	G
(5)	E
(6)	C
(7)	H
(8)	B

17.

(1) 小赵： 第（二）场
(2) 小明： 第（一）场
(3) 小张： 第（二）场
(4) 小刘： 第（四）场

18. (1)A (2)D (3)B (4)E (5)C

19. (1)B (2)A (3)A (4)C

*20. (1)C (2)B (3)C (4)A

21. (1)C (2)E (3)D (4)A

22.

(2)	D
(3)	A
(4)	B
(5)	F

*23. (1) A (2) A B D F

24.

男的问	女的答
(1)	C
(2)	A
(3)	D
(4)	B

*25.

妈妈问	孩子答
(1)	B
(2)	C
(3)	A
(4)	D

26.

男的问	女的答
(1)	C
(2)	D
(3)	A
(4)	B

27.

彼得	小丽
(1)	D
(2)	A
(3)	B
(4)	C

28.

(1)

	悠悠	Tina	Sarah
5岁			√
6岁			
7岁			
8岁	√		
9岁		√	

(2)

	悠悠	Tina	Sarah
幼儿园			√
一年级			
二年级			
三年级	√	√	
四年级			
五年级			

(3)

悠悠	A
Tina	D
Sarah	B

29.

(1)	A
(2)	E
(3)	B
(4)	D

30.

(1) 河流	(2) 教室	(3) 城市
D	C	B

31. (1) C (2) B (3) C

32. (1) B (2) ACDF

Reading Practice 2: Cloze

*1. (1) F (2) E (3) A (4) C
(5)B (6) G (7) D (8) H

2. (1) G (2) H (3) E (4) B (5) C
(6) I (7) F (8) D (9) A

3. (1) B (2) H (3) F (4) E (5) G
(6) I (7) D (8) C (9) A

4. (1) B (2) G (3) F (4) E
(5) A (6) D (7) H (8) C

5. (1) D (2) H (3) B (4) G
(5) A (6) C (7) F (8) E

6. (1) C (2) G (3) H (4) F
(5) A (6) E (7) B (8) D

*7. (1) E (2) G (3) F (4) H
(5) B (6) A (7) D (8) C

*8. (1) F (2) G (3) H (4) A
(5) E (6) D (7) B (8) C

*9. (1) G (2) A (3) H (4) B
(5) C (6) E (7) F (8) D

10. (1) C (2) D (3) F (4) E
(5) B (6) G (7) A

Reading Practice 3: Longer Passages

1.

(1) He's 61 years old.

(2) Before retirement, he was a businessman; he was very busy with his work; and the writer could only see him on Sundays.

(3) The diary is very important to him because he writes his plans for the entire week in it.

(4) They planned to have dinner in a famous Chinese restaurant and then go to the cinema.

(5) His father noted down in his diary that the time to meet was 6:30, but actually they agreed on 5:30. So his mother waited for an hour. She was very angry and they went home without having dinner or watching a film.

2.

(1) When he first arrived in China, he could only say 'hello' and 'goodbye' in Chinese, so he decided to learn the language. He learned Chinese for a year and a half.

(2) He works in a computer company. He lives in a flat near the company.

(3) It's large. It is not far away from the company. It has a bedroom, a living room, a kitchen, a toilet and a bathroom. It also has a spacious balcony. He's very satisfied with the flat.

(4) He is getting married this year.

(5) Firstly, it should be in an area with convenient means of transport and should be not far away from John's company. Secondly, it should be in a good environment, with fresh air and little pollution. Thirdly, it should have a parking space.

***3.**

(1) He decided to invite several of his old friends to have dinner in their new house.

(2) The supermarket is near their house. It is not big but has a good collection of goods such as chicken, duck, fish, meat, eggs, fruit and vegetables, and the goods are fresh and not expensive.

(3) They started to clean up the new house in the early morning. The writer and his mother also did some shopping in the supermarket. They then started to cook.

(4) Around 4 p.m. to 5 p.m.

(5) They brought a lot of presents, including flowers, CDs and books, etc. The writer's favourite is a book on Chinese calligraphy.

(6) They had dinner and then started to chat. They also danced.

4.

(1) He's from the UK and he's studying Chinese history.

(2) Mornings from Monday to Friday and afternoons on Tuesday and Thursday.

(3) Calligraphy and Tai-chi. He practises calligraphy for one hour every day. He practises Tai-chi from 5 p.m to 6 p.m. on Monday and Thursday.

(4) He goes to the library to do some reading and borrow some books.

(5) He travels to places in China, including some historical sites and famous cities. By travelling, he gets to enjoy beautiful scenery and to know more about Chinese culture.

5.

(1) It's named 'School News' and it's broadcast on the school internet.
(2) The headteacher. He bought cameras and tape-recorders for them.
(3) They interviewed teachers and students in the school as well as local celebrities.
(4) Today's topic is how the students spend their pocket money.
(5) Their parents give them pocket money. They also do some part-time jobs. They spend the money buying books and music albums, watching films and having meals with friends.
(6) They split the bill.

***6.**

(1) She felt ill. She had a headache, a fever, a sore throat, coughed in the evenings and didn't want to eat anything.
(2) The doctor gave her an injection, prescribed some medicine and suggested she drank more water and rest in bed.
(3) They phoned her, and the teacher visited her, bringing her flowers and fruit.
(4) Her parents are very busy and she's left alone at home by herself very often. So sometimes she misses friends and relatives in China.
(5) Next week.

***7.**

(1) He has a small company.
(2) Because they were too busy to have lunch.
(3) Because his incorrect pronunciation made the taxi driver think that he wanted to go to the airport, not the theatre.
(4) Whether he liked Beijing, whether he enjoyed Chinese cuisine and where else he had travelled.

8.

(1) Half a year. In Malaysia, he went to bed late and got up late, but here he has to get up earlier.
(2) He doesn't have time to have breakfast. And for lunch, he eats in the school canteen, but he has to queue for a long time because there are so many students.
(3) Jogging, swimming, playing tennis or learning Tai-chi.
(4) Listening to the recording of the texts, listening to the radio, and watching TV news programmes.
(5) He goes to an English conversation activity in the park and gets to know Chinese students. Most of them are willing to speak English half the time and Chinese half the time with him.

*9.

(1) Nearly 19.

(2) Death of his father; living in poverty at that time.

(3) Mathematics, Geography, English, Chinese.

(4) To go to the United States to complete his studies.

(5) Because going abroad at that time meant that they might not be able to see each other ever again.

(6) He hoped that the next generation of Chinese youth might have the opportunity to have the education that he had, for western education would help China become more civilized and powerful.

10.

(1) He was born in 1928 and moved to Hong Kong in 1940, when he was 12.

(2) He could recite many ancient poems at the age of 3 and could read many ancient articles by the age of 5.

(3) That the whole family would have a good life.

(4) He worked 16-20 hours every day and he worked while others were taking a rest and having a tea.

(5) In 1950.

(6) That he is Chinese and loves his country.

11.

(1) Violin and piano.

(2) He was the first Chinese musician for whom the French National Radio broadcast his concert to all of Europe; he was the first Chinese musician to hold a concert in the best concert hall in France; he was the first Chinese musician for whom a famous French music company recorded two records.

(3) He worked as a music teacher and gave free concerts all over China.

(4) He hoped to teach more and more Chinese how to enjoy listening to music.

(5) France, Britain and Germany.

12.

(1) In the city centre.

(2) It is two minutes to the bus station. There are shopping malls nearby, and there is a museum to the left.

(3) Because there is a bookshelf with Chinese books, films and television programmes.

(4) The lower shelf has books, films and television programmes for children; the middle shelf has Chinese magazines and newspapers; and the top shelf has new books and films in Chinese.

(5) Name, date of birth, nationality, address, sex and telephone number.

Part Four
Writing

The total mark of the writing paper is 55 and it lasts one hour and 15 minutes. In the writing test, you will have to finish four tasks. You can either write traditional characters or simplified characters.

Task 1

You will be required to write a short list of vocabulary under a certain topic. For example, you will be required to write down any five types of food in Chinese. The instructions will be given in English. (5 marks)

Task 2

There are several incomplete Chinese sentences in this task. You will be required to write about five simple phrases in response to visual stimuli so as to complete the sentences in Chinese. (10 marks)

Task 3

You will be required to write a short message or postcard of approximately 30 characters. In the writing, you need to cover all the points listed in the instructions. The instructions will be given in English. (20 marks)

Tasks 4

You will be required to write a longer passage or a letter of approximately 100 characters. You need to expand on all the points listed in the instructions. The general instruction of the task will be given in English but the points you need to cover in the writing are given in Chinese. (20 marks)

You can occasionally use standard pinyin with the correct tones marked in Task 3 and Task 4.

Examination Techniques

- Read carefully the task and any bullet points given and make sure you understand what it is actually asking you to do.

- Underline key words and phrases and identify the writing style required. Is it about a birthday party, a sports day or a TV programme? Is it a letter, a report or an email? You will also need to consider the audience for which you are writing.

- Make notes on each of the bullet points given in pencil, to be rubbed out later.

- If possible, use a pencil to write your first draft on another sheet of paper. Do not draft the item in your first language. Translating is harder than writing.

- Make sure that what you write is relevant and appropriate for the task.

- Ensure that your writing is not repetitive. Find another way of saying something rather than using the same vocabulary and grammatical structures.

- Check the length of your writing and make sure the number of words fulfils the requirement. If it is over the limit, reject some material that is less important.

- Make sure your ideas are well organized and linked. Use appropriate connectives to make the text coherent.

- Make sure your writing has a good structure. Have more than one paragraph in your writing, especially in task 4.

- Re-read your written piece and make sure your sequence of ideas answer all of the questions contained in the bullet points.

- Once you have finished amending your draft, use a pen to copy out your final version onto the examination paper carefully and neatly.

- Make sure your handwriting is neat and well presented. It is very important NOT to confuse the examiners with messy presentation.

1. Writing Practice: Task 1

Write five words belonging to each of the categories below in Chinese:

1. 教室里的物品　Objects in your classroom
2. 书桌上的物品　Objects on your desk
3. 书包中的物品　Objects in your schoolbag
4. 文具盒中的物品　Objects in your pencil case
5. 办公室里的物品　Objects in an office
6. 卧室里的物品　Objects in your bedroom
7. 客厅里的物品　Objects in your living room
8. 厨房里的物品　Objects in your kitchen
9. 旅行袋中的物品　Objects in your travel bag
10. 中国的传统节日　Names of traditional Chinese festivals
11. 中国传统节日活动　Events in traditional Chinese festivals
12. 你最喜欢的自然景点或历史景点　Your favourite scenic spots or historic sites
13. 中国城市　Cities of China
14. 英国城市　Cities of Britain
15. 职业　Occupations
16. 天气　Weather
17. 季节　Seasons
18. 公共场所　Public amenities

19. 方向 Directions
20. 位置 Positions
21. 衣服 Clothes
22. 交通工具 Transport
23. 学科（课程） School subjects
24. 体育运动 Sports
25. 娱乐活动 Entertainment
26. 房间名称 Rooms in a house
27. 家用电器 Home electric appliances
28. 对亲属的称呼 Kinship terms
29. 动物 Animals
30. 植物 Plants
31. 肉类 Meat
32. 水果 Fruit
33. 蔬菜 Vegetables
34. 你最喜欢的食品 Your favourite foods
35. 地球上的洲 Continents
36. 国家 Countries
37. 自然风景 Natural landscapes
38. 颜色 Colours
39. 人体部位 Parts of the body

2. Writing Practice: Task 2

1. Weather

What's the weather like in these cities? Fill in the blanks in Chinese, using the pictures to help you.

例 多伦多今天__晴 天__。

(1) 北京今天________。

(2) 悉尼今天________。

(3) 东京今天________。

(4) 上海今天________。

2. Birthday party

Today is my mother's birthday. Fill in the blanks in Chinese, using the pictures to help you.

(1) 我们在________。

(2) 爸爸给妈妈买了一个________。

(3) 我们还吃了________。

(4) 晚上，我们________。

3. The weekend

What did they do at the weekend? Fill in the blanks in Chinese, using the pictures to help you.

(1) 早上8点，小明离开了________。

(2) 他和同学一起________。

(3) 9点的时候,他们到了________。

(4) 他们在那里________。

(5) 十二点的时候，他们________。

4. Travel

Below is your itinerary for your holiday in Beijing.
Fill in the blanks in Chinese, using the pictures to help you.

(1) 星期日：离开________。

(2) 星期一：________到北京。

(3) 星期二：在动物园看________。

(4) 星期三：去________。

(5) 星期四：去________， 还要给好朋友寄________。

5. Free time

What do they usually do in their free time?
Fill in the blanks in Chinese, using the pictures to help you.

(1) 爸爸________。

(2) 妈妈________。

(3) 姐姐________。

(4) 弟弟________。

(5) 我________。

6. Shopping

What did he buy? Fill in the blanks in Chinese, using the pictures to help you.

(1) 今天小袁去________购物。

(2) 他是________  去的。

(3) 他买了________  和________。

(4) 他还去了________。

7. Christmas gifts

What did they get as Christmas gifts? Fill in the blanks in Chinese, using the pictures to help you.

(1) 妈妈送给爸爸一台________。

(2) 妈妈给我了一支漂亮的________。

(3) 爸爸送给妈妈一个________。

(4) 爸爸送给我一块________。

(5) 我送给爸爸妈妈一张________。 

8. Clothes

Describe the clothes your family wears. Fill in the blanks in Chinese, using the pictures to help you.

(1) 爷爷穿的是白色的________。 

(2) 爸爸穿的是一条黑色________。 

(3) 妈妈穿的是一条________。 

(4) 奶奶穿的是一件________。 

(5) 我去踢球, 所以穿的是________。 

9. Hobbies

What are their hobbies? Fill in the blanks in Chinese, using the pictures to help you.

(1) 小何喜欢________。 

(2) 大卫喜欢________。 

(3) 巧巧喜欢________。 

(4) 美美喜欢________。 

(5) 小明喜欢________。 

10. Professions

What are their professions? Fill in the blanks in Chinese, using the pictures to help you.

(1) 爸爸是________。 

(2) 妈妈是________。 

(3) 哥哥是________。 

(4) 姐姐是________。 

(5) 我是________ 

我还做________。 

11. My pen-friend

Lily is telling us about her pen-friend. Fill in the blanks in Chinese, using the pictures to help you.

(1) 我的笔友是________人。 

(2) 她是个很可爱的________。 

(3) 她养了一只白色的________。 

(4) 她喜欢________。 

(5) 她还喜欢________。 

12. My plan for tomorrow

Fill in the blanks in Chinese, using the pictures to help you.

(1) 我明天早上六点半________。 

(2) 七点去________。 

(3) 七点半________。 

(4) 八点去________。 

(5) 晚上八点去________。 

13. Note

This is a note from Tom to his mother. Fill in the blanks in Chinese, using the pictures to help you.

(1) 妈妈, 我和小明去________。 

(2) 然后我们去________。 

(3) 我们坐________去。 

(4) 晚上我可能跟朋友一起________。 

14. The Mid-Autumn Festival

What do they do at the Mid-Autumn Festival?
Fill in the blanks in Chinese, using the pictures to help you.

(1) 爷爷________。 

(2) 爸爸打扫________。 

(3) 妈妈________。 

(4) 我________。

(5) 奶奶给朋友________。

15. My room

A description of your room. Fill in the blanks in Chinese, using the pictures to help you.

(1) 我的房间里有一个________。

(2) 房间的北面是一张________。

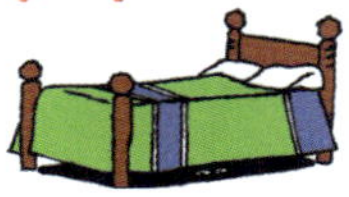

(3) 房间里还有一张________，上面有很多________。

(4) 墙上有一幅________。

(5) 从我的房间可以看到________。

16. Food and drinks

What food or drinks do they like? Fill in the blanks in Chinese, using the pictures to help you.

(1) 甜甜喜欢________。

(2) 爸爸最想________。

(3) 我喜欢在夏天________。

(4) 奶奶最喜欢________。

(5) 我们大家都喜欢________。

17. Advertisement

The advertisement is on the wall. Fill in the blanks in Chinese, using the pictures to help you.

(1) 丢失一台________，拾到的人请打电话123456。

(2) 卖________， 有兴趣的人请打电话6589236。

(3) 出租________，有兴趣的人请打电话789256。

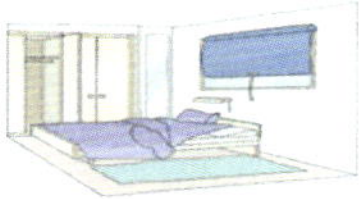

(4) 卖________，有兴趣的人请打电话457812。

(5) 丢失________一本，拾到的人请打电话147985。

3. Writing Practice: Task 3

1. Write an email of about **30 Chinese characters**, inviting a friend to a party. Remember to mention the following points:

- Give the time of the party
- Give the location of the party
- Say what activities there will be

2. You are travelling in China in the summer. Write a postcard of about **30 Chinese characters** to a friend, telling him or her:

- What the weather is like in China
- The places you have visited
- What you think of your journey
- When you will return from China

3. Write a brief note of about **30 Chinese characters**, inviting a friend to a table tennis match. Remember to mention the following points:

- Give the date, time and location of the match
- Say how much the ticket will cost
- Say where you will meet

4. You received many presents on your fifteenth birthday. Write a postcard of about **30 Chinese characters** to your friend, telling him or her:

- The date of your birthday
- Who went to your birthday party
- What presents you have received
- What your favourite present is, and why

5. You are preparing to go to Beijing on holiday. Write a brief postcard of about **30 Chinese characters** in which you ask your friend:

- What the weather is like in Beijing
- What kind of clothes you should take with you
- Ask him or her to suggest the places you should visit

6. The Chinese Spring Festival (the Chinese New Year) is coming. Write a brief postcard of about **30 Chinese characters** to your friend. Remember to mention the following points:

- Give him or her New Year's greetings
- Say what activities will take place where you live
- Say how your family will celebrate the New Year

7. You are going to a friend's house to have some fun. Write a brief note of about **30 Chinese characters** to your parents. Remember to mention the following points:

- Say which friend's house you are going to
- Say when you will leave home
- Say what you are going to do at the friend's house
- Give the time of your return

8. You will not go to school tomorrow. Write a brief email of about **30 Chinese characters** to your teacher, telling him or her:

- The reason for your absence
- Ask him or her what homework you will be set tomorrow
- Say when you will return to school

9. Your class is about to have a meeting. Write a notice of about **30 Chinese characters** for your classmates. Remember to mention the following points:

- Give the time of the meeting
- Give the location of the meeting
- Say who will be there
- Say what you will discuss

10. Your Chinese teacher invited your class to a Chinese restaurant for a meal last weekend. Write an email of about **30 Chinese characters** to your Chinese friend, telling him or her:

- The date and time of the meal
- With whom you went to the restaurant
- Which dishes you had
- What you think about Chinese food

11. Write about **30 Chinese characters** in your diary about a birthday present that you have just received. Remember to mention the following points:

- What kind of present you have received
- Whom this present is from
- Say whether you like it or not. Why/ why not?

12. You have not finished your homework for some reason. Write an email of about **30 Chinese characters** to your teacher, telling him or her:

- That you are sorry
- Give the reason why you did not complete it
- Say when you will complete it

13. You want to invite your friends to a concert. Write an email of about **30 Chinese characters** to them. Remember to mention the following points:

- Give the time to meet
- Give the location for meeting
- Briefly state the arrangement after meeting each other

14. You want to invite your friend to go travelling with you. Write an email of about **30 Chinese characters** to him or her. Remember to mention the following points:

- Give your travel plan
- Ask for his or her feedback to the plan
- Say that you are looking forward to his/her reply

15. This weekend, you want to go shopping and intend to ask your friend to go with you. Write an email of about **30 Chinese characters** to him or her. Remember to mention the following points:

- Ask your friend to go shopping with you
- Give the meeting time
- Give the meeting place
- Tell your friend what you want to buy

16. Mother's Day is coming. Write a postcard of about **30 Chinese characters** to your mother. Remember to mention the following points:

- Send her Mother's Day greetings
- Tell her what presents you have bought for her
- Tell her when you will visit her

17. You can't go to your friend's birthday party. Write an email of about **30 Chinese characters** to tell him or her. Remember to mention the following points:

- Give the reason why you can't attend the party
- Suggest meeting up another time
- Say happy birthday to your friend

18. Christmas is coming. Write a postcard of about **30 Chinese characters** to your friend. Remember to mention the following points:

- Your best wishes to him or her
- Gifts you have bought for Christmas
- Activities you intend to do at Christmas

4. Writing Practice: Task 4

1. 参观博物馆

Write a letter of about **100 Chinese characters** to your friend, telling him or her about a museum that you have visited. Remember to mention all of the following points:

- 参观的时间
- 参观的地点
- 你和谁一起去的？
- 参观的内容
- 你的感想

2. 一堂有趣的课

You have had a very interesting lesson today. Write a diary entry of about **100 Chinese characters**. Remember to mention all of the following points:

- 你上了一堂什么课？
- 课上有哪些活动？
- 你学到了什么？
- 你喜欢这堂课吗？为什么？

3. 申请工作

You have applied for a weekend job at a shop/company/restaurant. Write a letter of about **100 Chinese characters**, in which explain your current situation. Remember to mention all of the following points:

- 你的年龄、年级、学校
- 你为什么要申请工作？
- 你想做什么样的工作？为什么?

4. 给笔友的一封信

Write a letter of about **100 Chinese characters** to your new Chinese pen-friend. Tell him or her about you and your family. Remember to mention all of the following points:

- 你的年龄、年级、学校
- 你的家人
- 你的爱好

5. 一次难忘的旅行

Write an essay of about **100 Chinese characters** on a memorable holiday. Remember to mention all of the following points:

- 旅行的时间、地点
- 和谁一起去的？
- 你参加了哪些活动？
- 这次旅行为什么难忘？

6. 交换生

You have studied at a Chinese secondary school as an exchange student for a week. Write a report of about **100 Chinese characters** to your school. Remember to mention all of the following points:

- 作为交换生，你去了哪所学校学习？
- 你住在什么地方？
- 你在那里学习什么？
- 你参加了哪些活动？
- 你的感想

7. 在笔友家

You are staying at a Chinese pen friend's house during the holiday. Write an email of about **100 Chinese characters** to your parents. Remember to mention all of the following points:

- 介绍你的笔友和他/她的家人
- 你吃了哪些中国饭？喜欢吗？
- 你参加了哪些活动？
- 你买了什么纪念品？

8. 野营

You went camping with your family last week. Write a letter of about **100 Chinese characters** to your friend to tell him or her about your experience. Remember to mention all of the following points:

- 野营的地点
- 周围的环境
- 野营活动
- 你喜欢这次野营吗？为什么？

9. 我住的地方

Write an essay of about **100 Chinese characters** on where you live. Remember to mention all of the following points:

- 你住的地方是城市还是乡村？
- 有哪些可以参观游览的地方？
- 年轻人可以参加哪些活动？
- 你喜欢这个城市/村子吗？为什么？

10. 参加中文班

You would like to go to China to study Chinese in the summer holiday. Write an email of about **100 Chinese characters** to the manager of a school. Remember to mention all of the following points:

- 你的年龄、国籍、学校
- 你的中文学习情况（学了多长时间、水平等）
- 你为什么想参加这个中文班？
- 除了学习，你想参加什么活动、参观什么地方？

11. 我的朋友

Use 'My friend…' as the title of an essay of approximately **100 Chinese characters.** Remember to mention all of the following points:

- 你和你的朋友是怎么认识的？
- 你朋友的外貌
- 你朋友的性格
- 你们有哪些共同爱好？

12. 中国节日

Chinese New Year (Spring Festival)/Mid-autumn Festival/Lantern Festival/Dragon Boat Festival has just passed. Write a letter of approximately **100 Chinese characters** to your Chinese friend. Remember to mention all of the following points:

- 你住的地方有哪些庆祝活动?
- 你家怎样过中国春节（新年）/中秋节/元宵节/端午节?
- 你喜欢这个节日吗？为什么？

13. 学校俱乐部

You are a member of a club in your school. Write an article of about **100 Chinese characters** for your school's website to introduce your club. Remember to mention all of the following points:

- 俱乐部的名称
- 参加人员
- 活动时间、地点和内容
- 你喜欢这个俱乐部吗？为什么？

14. 我最喜欢的运动/书/电视节目/电影/科目

Use 'My favourite sport/book/TV programme/film/subject' as the title of an essay of approximately **100 Chinese characters.**

15. 我的生日

Write an essay of about **100 Chinese characters** about your birthday. Remember to mention all of the following points:

- 你的生日是哪天?
- 你通常怎么过生日?
- 你最喜欢哪一年的生日？为什么?
- 你最喜欢的一件生日礼物是什么？为什么？

16. 我的家乡

Write an essay of about **100 Chinese characters** about the weather and seasons in your hometown. Remember to respond to all the points below:

- 你的家乡在什么地方?
- 你家乡的天气怎么样？
- 你最喜欢家乡的哪个季节？
- 在这个季节里，你喜欢做什么？

17. 我的房间

Write an essay of about **100 Chinese characters** about your room. Remember to respond to all the points below:

- 你的房间里有什么?是怎么布置的？
- 你通常在房间里做什么？
- 你喜欢你的房间吗？为什么？

18. 我的爱好

Write an essay of about **100 Chinese characters** about your hobby. Remember to respond to all the points below:

- 你有什么爱好?
- 为什么喜欢这个?
- 你觉得它给你带来了什么?

19. 我最喜欢的一个人

Write an essay of about **100 Chinese characters** about a person you admire. Remember to respond to all the points below:

- 你最喜欢的人是谁?
- 简单介绍一下他/她
- 你为什么喜欢他/她?

20. 在公园里

Write an essay of about **100 Chinese characters** about an experience you had when you went to the park. Remember to respond to all the points below:

- 你是什么时候去的?
- 是和谁一起去的?
- 公园里有什么?
- 你们在公园里做了什么?

21. 我的工作

Write an essay of about **100 Chinese characters** about your job. Remember to respond to all the points below:

- 你做什么兼职工作?
- 工作的时间和地点?
- 你喜欢这个工作吗? 为什么?

22. 我的家人

Write an essay of about **100 Chinese characters** about your family. Remember to respond to all the points below:

- 你家有几口人? 都有谁?
- 他们做什么工作?
- 和家人在一起的时候，你们做什么?

5. Keys to Task 2

1. （1）阴天 （2）下雪/有雪 （3）下雨/有雨
   （4）有风
2. （1）唱歌 （2）生日蛋糕 （3）面条
   （4）看电视
3. （1）家 （2）坐公共汽车 （3）公园
   （4）骑马 （5）吃(午)饭
4. （1）英国 （2）坐飞机 （3）熊猫
   （4）长城 （5）天安门广场；明信片
5. （1）看书 （2）听音乐 （3）跳舞
   （4）打网球 （5）弹钢琴
6. （1）超（级）市（场） （2）骑自行车 （3）水果；红酒
   （4）书店
7. （1）电脑 （2）钢笔 （3）手机
   （4）手表 （5）(圣诞)卡片
8. （1）鞋子 （2）裤子 （3）裙子
   （4）衬衫 （5）运动鞋
9. （1）参观博物馆 （2）踢足球 （3）购物
   （4）看书 （5）打羽毛球
10. （1）老师 （2）收银员 （3）医生
    （4）工程师 （5）大学生；餐馆服务员
11. （1）中国 （2）女孩 （3）狗
    （4）(喝)咖啡 （5）上网
12. （1）起床 （2）游泳 （3）吃早饭
    （4）上学 （5）电影院
13. （1）打羽毛球 （2）图书馆 （3）地铁
    （4）吃晚饭
14. （1）喝茶 （2）房间 （3）做饭
    （4）吃月饼 （5）打电话
15. （1）衣柜 （2）床 （3）桌子；书
    （4）画 （5）花园
16. （1）喝牛奶 （2）吃羊肉 （3）喝饮料
    （4）吃海鲜 （5）吃米饭
17. （1）笔记本电脑 （2）唱片 （3）卧室
    （4）汽车 （5）护照

A Collection of Student Work

Task 3

电子邮件——订旅馆房间

先生/女士：

您好！从八月二号到八月四号我要预定一个双人房间，带卫生间，也要电话，一个晚上多少钱？

麦克

……………………………………………………………………………………

明信片——生日礼物

丽丽：

上个星期五是我的生日，小红送给我一只小猫。小猫的毛是白色的，眼睛是绿色的，非常可爱。我很喜欢我的小猫！

祝好！

同同

X年X月X日

便条——演唱会

月月：

这个星期六你有没有时间？如果有，我想约你去学校礼堂看演唱会。演唱会下午两点钟开始，门票50元一张。我们可以坐公共汽车去。

莉莉

X月X日

明信片——旅游

明明：

我正在北京旅游，昨天我去看了长城，晚上吃了烤鸭。天气很晴，也很热，我买了很多游戏光盘，我会送给你一些。

王云

X年X月X日

电子邮件——看电影

约翰：

你好！你想看电影吗？我买了两张明天的电影票，电影晚上八点开始，如果你想去，可以六点钟来我家。我们骑自行车去。

小雨

Task 4

有趣的一堂课

上星期，我们班上了一堂非常有趣的德语课。

老师说："今天上课，大家想出德语游戏来玩儿，最好的游戏会获得大奖！"大家马上行动起来，有人用画画来猜字，有人用德语造句子，有人编谜语……教室里热闹极了！

后来，同学们一组一组地做游戏，很有趣，大家看了哈哈大笑。最后，一个自编自唱的德语歌节目获了奖。他们用上了很多学过的词语，歌词特别幽默。

我和大家一样，非常喜欢这堂有趣的德语课。

……………………………………………………………

我的家

我家有四口人：妈妈、爸爸、我和小妹妹玲玲。玲玲下个月满两岁，我刚刚过了我的十五岁生日。我的父亲在大学里工作，妈妈在家照顾妹妹。

我们有空的时候就会带玲玲出去到河边看鸭子、在草地上玩儿。星期天，我有时去看朋友，有时去看电影。

我很喜欢我的家。我的妹妹非常可爱，我的父母都很爱我和我妹妹。有个快乐的家庭，我觉得真的很幸福。

……………………………………………………………

我的学校

我的学校坐落在剑桥中心，学校里有一片大草地，是学校的运动场。学校里还有科学教室、艺术室、电脑室和游泳池等等。

我的学校人数不多，一共才有六十多位老师，五百多个学生。

我正在准备考中学会考，有十一门科目，有英语、体育、科学、历史等等。有的老师教得很好，有的不太好。同学们都很友好。

除了上课以外，我也参加许多课外活动，比如学校举行的艺术活动和羽毛球比赛。

给朋友的一封信——我搬家了

小红：

你好！我们最近搬家了，搬到了一个海边城市。从我的房间往外看，可以看到蓝蓝的大海。我家离市中心不远，我们经常去购物。

我们的新房子有两层楼，八个房间，还有一个很大的花园。花园里有很多花草树木。我的新学校离家也不远，骑车十分钟就到了。这个学校很大，我交了很多新朋友，他们都很热情。

虽然搬家不容易，不习惯，但是我还是很高兴。等你有空儿的时候，到我的新家来看看吧！

祝学习进步！

英英

X年X月X日

我的生日聚会

文文：

你好吗？上星期二是我的十六岁生日，我邀请了十个朋友，有小冬，大强，丽丽等。我们先到一家小餐馆儿去吃午餐，然后去看了一部电影。从电影院出来，外面正在下大雨，我们在雨里打水仗，大家玩得都很高兴。

我得到了很多礼物，有三张唱片，一瓶香水，一个小红包，还有几本书。妈妈做了一个大大的草莓蛋糕，上面还插了几根小蜡烛，真好看！吃蛋糕的时候，朋友们都说“真好吃！”这一天我过得十分愉快！

希望你明年来参加我的生日聚会！

李刚

X年X月X日

给笔友的一封信——我的家

王力：

你好！我叫丹尼，今年十五岁，上中学四年级。

我家住在伯明翰市中心，一共有四口人，爸爸、妈妈、我和上小学五年级的弟弟。我的妈妈是一位老师，爸爸是医生。

我有空的时候喜欢看小说、踢足球、听音乐和画画儿。我也非常喜欢和朋友打网球。

请回信时谈谈你的家，好吗？

丹尼

X年X月X日

一封信——爷爷奶奶来了

小兰：

你好！上个星期五，我爷爷奶奶来看我们了，他们准备在我家住一个月，我们都很高兴。

爷爷和奶奶给我买了许多礼物，有新衣服、玩具、文具和小说，还有一些美味食品。

爷爷奶奶爱给我和弟弟讲故事，他们很疼爱我们，我希望他们以后能常来。

祝你快乐！

汤姆

X年X月X日

我的好朋友

我最好的朋友叫彼得，他是我的同班同学。

彼得有一双深棕色的眼睛，脸上长了一些小小的雀斑，非常可爱。他长得有点胖，看上去很健壮。

我和彼得爱好差不多，都喜欢玩电子游戏、游泳、打羽毛球和看电影。

在我有困难的时候，彼得常常帮助我，他有困难时，我也帮助他。

希望我们永远都是好朋友。

申请信

校长：

您好！我叫王大卫，我是英国人，今年十五岁，上中学四年级。我和爸爸、妈妈、弟弟住在爱丁堡。

我的学校在市中心，共有六百多个学生。老师和同学们都很好，我每星期上两个小时的中文课。

今年暑假我想去北京学习，因为在那里我能学到标准的中文。我还想在北京参观一些有名的地方，比如天安门广场和北海公园。

希望您同意我的申请。

此致

敬礼

王大卫

X年X月X日

给中国朋友的信

大明：

你好！下个月二十四日你就要来我家了，我非常高兴。

英国的天气虽然不是很热，但也有十七、八度左右。所以你最好带上几件夏天穿的衣服，像短裤和短袖衬衣等等。

我们第一天就在伦敦城里观光。你到剑桥以后，我们可以去剑桥大学的花园里散步，或者去游泳馆游泳。我还想带你去看英国著名的博物馆。

祝好！

冰冰

X年X月X日

周末

周末的时候我喜欢做的事情很多，当然，也有一些我不太喜欢做的事情。

我喜欢跟我的朋友出去玩。星期六的下午，我常常和朋友出去打网球,下午我们去踢足球。周末的晚上，我有时去朋友家玩儿。我也喜欢邀请朋友来我家吃饭，打电脑游戏。

跟朋友一起玩，有意思极了！

我爸爸常常到地里种菜。我不太喜欢去地里帮忙，因为我对花粉过敏，很不舒服。

我总是盼望过周末！

我搬家了

我的新家在伦敦城南，离市中心不太远，就在河对面。这里非常美，附近有一个大公园，里面有许多树木花草。

我的新房子不是很大，但很漂亮。除了厨房、客厅、卧室之外，还有前后花园。

昨天，我去看了我的新学校。校园没有我原来学校的大，但是教室设备很好，干净整齐。

我交了几个新朋友。大明住在离我家不远的村子里，他喜欢体育和电脑。红梅很友好，也很有趣。我很喜欢我的新家。

………………………………………………………………………………

去中国

去年夏天，我和爸爸、妈妈、妹妹去中国旅游。我们坐飞机从伦敦到北京，然后坐出租车到我们预订的旅馆。

我们的旅馆很漂亮，离天安门广场不远。在北京，我们参观了北京动物园、长城、故宫、天坛等等。我很喜欢在长城上散步。

我还参加了一个中文班，每天上课，我的中文进步很快。除了学习、游览，我还学会了做中国菜，我做的辣子鸡丁味道好极了！

………………………………………………………………………………

我的学校

我的学校叫Chesterton，是一所公立中学，离市中心不远。学校外面是一条大马路，里面有一个运动场，我们在体育课上踢球、赛跑，非常好玩儿。前年，学校又新建了一个体育中心，里面还有一个大游泳池呢！

我最喜欢手工课，因为我们可以自己做铅笔盒、书包等等。我的学校还有一个特点，那就是它欢迎来自全国各地的学生，也欢迎外国学生。学校总共有两千三百多个学生！

我很喜欢我们这个大学校！因为很热闹。

………………………………………………………………………………

俱乐部

大家好！我叫冬冬，是学校羽毛球俱乐部的一名成员。

我们的俱乐部每周三放学后活动，谁都可以参加，而且是免费的！这个俱乐部总共有二十个成员，分成三组：初级、中级和高级。教练每次都教我们新方法，我们也经常有小比赛。

我很喜欢我们的俱乐部，因为可以学习怎样打羽毛球，也能认识新朋友。希望下次能在我的俱乐部见到你！

一封信——野营

小云：

你好！上个星期，我们一家出去野营了，很好玩！

我们去了英国南边的一片森林，叫新林。那里的树又高又大，我在林子里看见了很多动物，有松鼠、野马和小鹿等等。

我们住的地方非常漂亮，也很安静，夜里只有鸟叫声和流水声。

我们一共在那里住了三天，白天我们出去散步，看风景；晚上，我们烤羊肉、鸡肉，烤捡来的板栗。特别好吃！

这次野营我还学会了搭帐篷，真开心！你在假期里做了什么？请回信！

祝假期愉快！

元元

X年X月X日

给中国笔友的一封信——我的家

小红：

你好！这是我给你写的第一封信，给你介绍一下我的家。

我家住在剑桥郊外的一个村子里。村子很安静，也很安全。

我家有三口人，我爸爸是一位工程师，他在大学里工作，我妈妈在学校当老师，她教一年级的学生。

我们住在一座三室一厅的房子里。房子不大，但是我们的花园特别大，可以在草坪上踢足球。花园里还有一棵苹果树，夏天时，满院子都有香香的苹果味。

欢迎你有机会来我们家做客。

明明

X年X月X日

……………………………………………………………………

运动会

上个星期五在我们学校开了运动会，一共有七百个人参加。运动会上有很多比赛项目，有跑步、足球、篮球、羽毛球比赛，也有网球比赛。我参加了跑步和网球比赛。200米短跑我得了第二名，朋友们都说："大山，你跑得真快！"

那天天气很好，同学们都很高兴。因为我们不必上课，所以我就很喜欢这个运动会。

……………………………………………………………………

去伦敦

去年十月，我跟我的好朋友一起去伦敦玩儿。我们是坐火车去的。我们住在北伦敦的一家旅馆里。旅馆很小，但是很舒服。

星期六，我们沿着河边散步，在市中心买了东西。晚上我们在中国城吃了晚饭。星期日，我们先去海德公园散步，然后回家。

我很喜欢伦敦，因为伦敦比剑桥大。

参观水族馆

去年，我们全家一起去中国探亲。在上海，舅舅带我去参观了上海水族馆。

我从小就喜欢看鱼，所以我很盼望去水族馆。

水族馆里有各种各样的海洋动物，我最喜欢在一个巨大的池子边看鱼，那里面有很多美丽的鱼，有红的、黄的，大的，小的，它们游来游去，好看极了！

我非常喜欢上海水族馆，希望下次回国还能去一次。

运动会

小花：

你好！上个星期三我的学校开了运动会，那天天气晴朗，不冷也不热。参加比赛的学生一共有三百多人，老师有二十多位。比赛项目有跑步、足球、乒乓球、网球、游泳等。

我参加了3000米长跑比赛。运动会以后我很累，但还是非常高兴，因为我比我的同学跑得快多了。明年的运动会你想参加吗？

祝好！

小龙

X年X月X日

Comments on Students' Sample Essays

Task 3

Question:

You are visiting Beijing. Write a postcard of about **30 Chinese characters** to your friend, telling him/her:

- what the weather is like
- where you visited
- how you got there
- what you bought

Sample answer:

今天我在北京。我看了很多地方，天气是很冷，它下雪了。我买了一个照相机。

Examiner's comments:

This candidate has written as required about the weather and what he has bought. However, he has neither mentioned where exactly he has visited nor how he got there as the question asks for. There are some typical grammatical mistakes in the writing, for example: the character "是" from the phrase "天气是很冷" should be omitted. In Chinese, when an adjective is used as a predicative, it follows the subject/topic immediately and does not require the link verb 'to be', i.e. "是","它" from the phrase"它下雪了" should also be omitted. This is because in such everyday expressions as those about the weather, the subject or topic should be omitted. In addition, when writing letters or postcards, an address and some form of greetings at the beginning as well as the name and the date at the end are necessary.

This piece of writing could be amended as below:

小英：

你好！我正在北京旅行。这里天气很冷，下雪了。昨天我坐出租车去了天安门，还买了一个照相机。

小华

二零零六年十二月三十日

Task 4

Title: 我最喜欢的电视节目

Write an essay of about **100 Chinese characters** on your favourite TV programme.

Remember to mention all the following points:

- 你最喜欢的电视节目是什么？
- 你什么时候看这个节目？
- 节目的内容怎样？
- 你为什么喜欢它？

Sample essay:

我最喜欢的电视节目是豆先生（Mr Bean）。每天放学以后三点半，我看这个节目。这个节目很有意思。演豆先生的演员是一个英国人。豆先生是一个很笨的人，他每天都做很傻的东西。他用奶酪和Ketchup画画，和他有一个小玩具熊，叫Teddy.

我很喜欢Mr Bean，因为他很有qù。

Examiner's comments:

The short essay covers the four points successively as required and it is well-structured. However, the candidate did not answer the fourth question "你为什么喜欢它" because he took "它" as the actor/actress in the TV programme rather than the TV programme that "它" refers to. In terms of the language, although it is not a long piece of writing, the essay demonstrates that the candidate has a good command of Chinese grammar, vocabulary and characters. For example, he can write some difficult characters such as "笨", "傻", "酪" and "熊" correctly. On the other hand, the essay has some very often seen grammatical and lexical problems. For example, the candidate uses "和" between two complete sentences, which is not allowed in Chinese; in the sentence "豆先生每天都做很傻的东西", "东西" should be "事情". Apart from the points mentioned above, the candidate should pay more attention to his writing techniques. For example, in case of characters that the candidate was unable to write, the candidate should try to find synonyms that he could use rather than write *pinyin* for these characters. Synonyms such as "美丽－漂亮－好看" and "愉快－高兴－开心" can be used interchangeably in most cases.

This piece of writing could be amended as follows:

我最喜欢的电视节目是《豆先生》（Mr Bean）。每天放学以后三点半，我都看这个节目。这个节目很有意思，节目里的豆先生是一个很笨的人，他每天都做很傻、很可笑的事情，比如用奶酪和西红柿酱画画儿。他的好朋友泰迪熊 (Teddy)也很好玩儿。

我很喜欢《豆先生》，因为这个节目很有趣，每次看我都很开心。

Part Five
Mock Exam Papers

GCSE MOCK EXAM
PAPER ONE Listening and Responding

Time: 45 minutes (+ 5 minutes reading time)

Use of Chinese Characters			
All questions are printed twice, once in traditional/full characters and once in simplified characters. Questions in traditional/full characters begin on page xx. Questions in simplified characters begin on page xx. **Answer only one set of questions.** Please indicate which set of questions you intend to work from by ticking one box below:			
TRADITIONAL/FULL 繁體字		SIMPLIFITED 简体字	

Instructions to Candidates

In the boxes above, write your centre number, candidate number, surname and initial(s), the paper reference and your signature. The paper reference is shown above.

Answer **all** questions in the spaces provided in this book.

Information for Candidates

You have 5 minutes to read through the paper before your teacher starts the paper.

You will hear each extract twice. You may write while the tape is playing. Your teacher will pause the tape after the second playing of each extract to give you time to write your answer.

Turn over to the next page when you are told to do so.

The total mark for this paper is 50. The marks for the various questions are shown in round brackets, e.g. (2). There are xx pages in this question paper. All blank pages are indicated.

You may not use a dictionary.

Advice to Candidates

You are reminded of the importance of clear and orderly presentation in your answers.

1. 买家具

Q: 他们买了什么？在适当的空格内打√号。

√			

(Total 3 marks)

2. 北京夏天的天气

Q: 北京夏天的天气怎么样？在适当的空格内打√号。

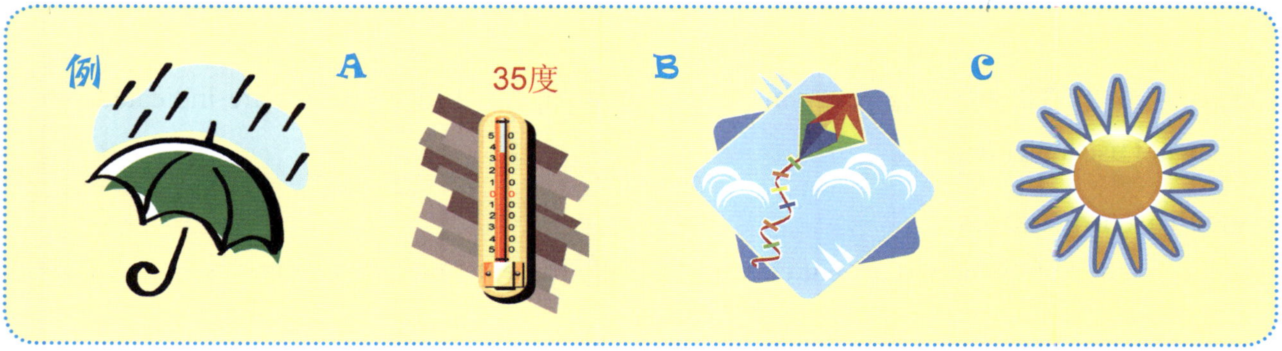

√			

D

E

F

G

30度

(Total 4 marks)

3. 工作

A

B

C

D

University

E

F

Q: 他们在哪里工作？选择正确答案，填在空格内。

例 大伟	C
玛丽	
东东	
美美	

(Total 3 marks)

4. 去图书馆

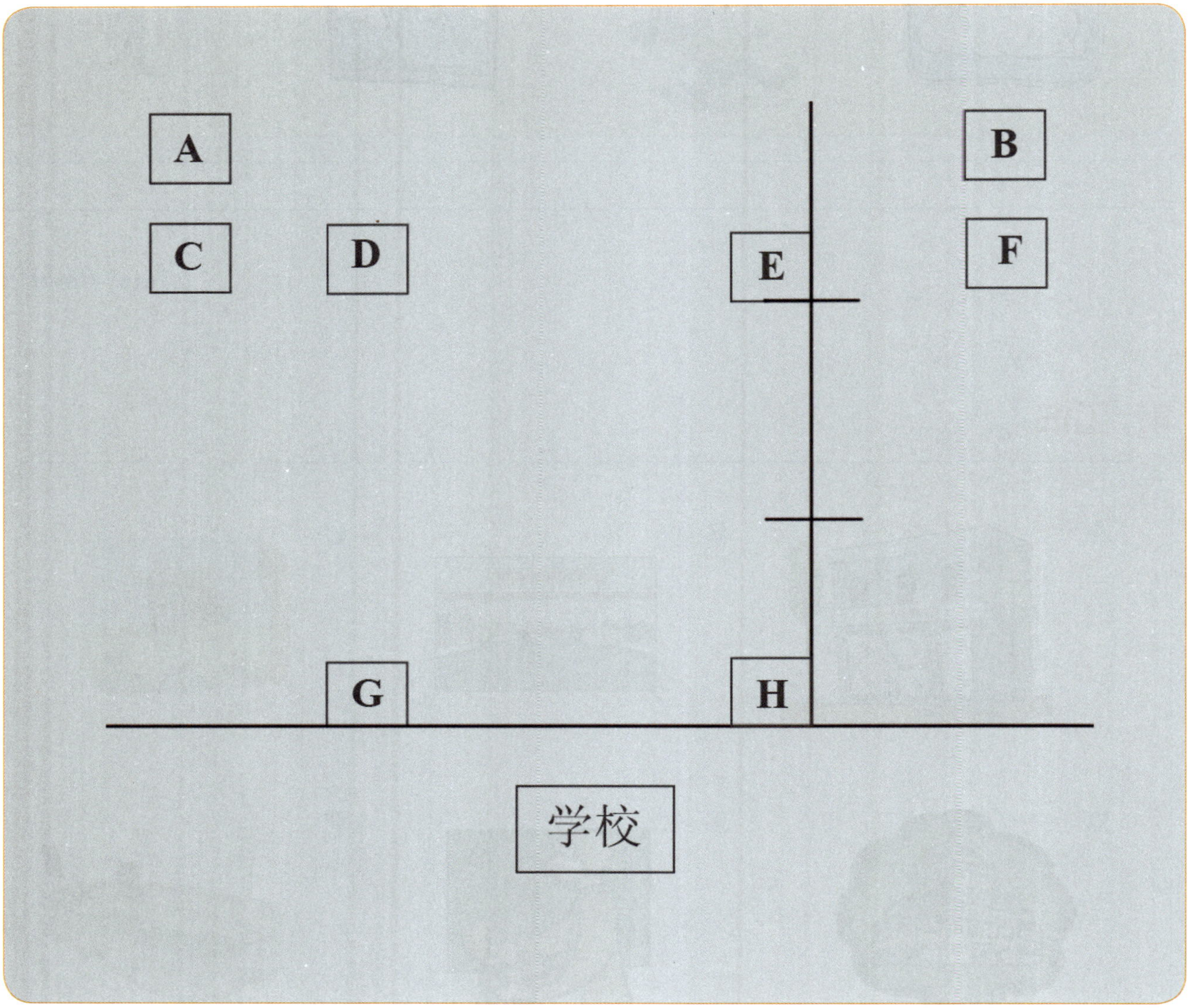

Q: 它们在什么地方？选择正确答案，填在空格内。

例	警察局	H
	第二个十字路口	
	饭店	
	图书馆	

(Total 3 marks)

5. 昨天的旅游

A

B

C

D

E

F

G

Q: 他们昨天去了哪里？选择正确答案，填在空格内。

例　　上午	E
下午	
晚上	

(Total 2 marks)

6. 订票

例：他要去哪里？在适当的空格内打√号。

A: 北京	B: 广州	C: 台北
	√	

(a) 机票是什么时间？在适当的空格内打√号。

A: 下个星期四 下午四点	B: 下个星期四 下午五点	C: 下个星期三 下午四点	D: 下个星期三 下午五点

(b) 机票多少钱？在适当的空格内打√号。

A: ￥1300	B: ￥1500	C: ￥1700

(Total 2 marks)

7. 东西不见了

Q: 他都有什么东西不见了？在适当的空格内打√号。

例

A

B

C

例	A	B	C
√			

D

E

F

G

D	E	F	G

(Total 5 marks)

8. 我的家人

A
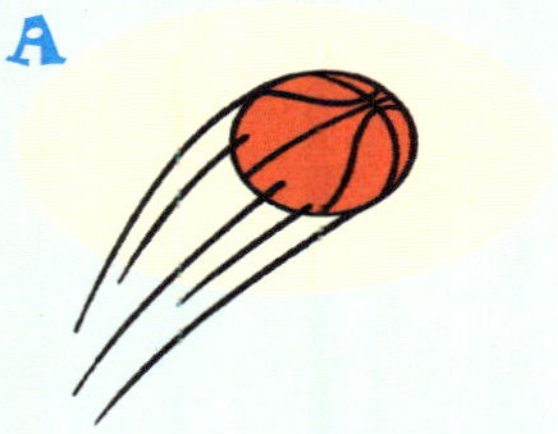
B

C

D

E

F

G

H

Q: 他们喜欢什么？选择正确答案，填在空格内。

例	爸爸	D
	妈妈	
	哥哥	
	奶奶	

(Total 3 marks)

9. 工作

A

B

C

D

E

F

G

Q: 他们做什么工作？选择正确答案，填在空格内。

例	大明	C
	玛丽	
	美美	
	大华	

(Total 3 marks)

10. 生日礼物

A

B

C

D

E

F

G

H

Q: 他们送给美美什么礼物？选择正确答案，填在空格内。

例	哥哥	D
	爸爸	
	妈妈	

(Total 2 marks)

11. 照片

Q: 小丽的照片里有什么？在适当的空格内打√号。

例

A

B

√		

C

D

E

(Total 2 marks)

12. 超市

例: 超市开门的时间？在适当的空格内打√号。

A: 早上8:00	B: 早上9:00	C: 早上10:00
	√	

(a) 超市关门的时间？在适当的空格内打√号。

A: 晚上8:00	B: 晚上9:00	C: 晚上10:00

(b) 可以坐哪路公共汽车去超市？ 在适当的空格内打√号。

A: 117路	B: 113路	C: 205路	D: 55路	E: 77路

(c) 鸡蛋多少钱？在适当的空格内打√号。

A: 7元/公斤	B: 9元/公斤	C: 6元/公斤

(Total 5 marks)

13. 吃饭

A

B

C

CHINESE DISH

D

E

F

Q: 他们通常吃什么？选择正确答案，填在空格内。

玛丽	午饭	D
	晚饭	
大明	午饭	
	晚饭	

(Total 3 marks)

14. 海外留学生在北京

You're listening to an interview with an overseas student in Beijing. Answer the following questions in English.

(1) Where is Da Long from? Where and what is he studying now? (3)

(2) How long has Da Long been in China? (1)

(3) Why did Da Long decide to learn Chinese? Give TWO details. (2)

(4) How are shopping centres in Beijing compared to those in Japan? Give TWO details. (2)

(5) How is the weather in Beijing compared to that in Japan? Give TWO details. (2)

(Total 10 marks)

Key. PAPER ONE

1. 买家具

我昨天和一个朋友去买家具，我们买了沙发、冰箱、空调和吸尘器。

BCD

2. 北京夏天的天气

北京的夏天很热，每天温度在35度左右，太阳很大，但是也经常下雨，有时候还打雷。

AEF

3. 工作

我的朋友大伟是个演员，玛丽在幼儿园当老师，东东在银行工作，美美还在上大学。

玛丽	E
东东	A
美美	D

4. 去图书馆

图书馆离学校不太远。出学校以后向右转，你就会看到一个警察局。向北走，到第二个十字路口以后再向右转，往前一直走，你就能看到一个饭店，图书馆就在饭店的北面。

第二个十字路口	E
饭店	F
图书馆	B

5. 昨天的旅游

昨天的旅游很有意思，我很喜欢。上午，我们去市中心的天安门广场。下午我们去郊区参观了一个动物园。晚上回到市中心，坐船，一边看风景，一边吃晚饭。

下午	F
晚上	B

6. 订票

小明：您好！我想订一张下个星期四去广州的飞机票。

售票处：对不起，下个星期四去广州的飞机票都订完了。下个星期三行吗？

小明：也行。下个星期三什么时间？

售票处：下午4点。

小明：好。多少钱？

售票处：一千三百块。

(a) C　(b) A

7. 东西不见了

大明：妈妈，我的背包不见了。

妈妈：里面有什么东西？

大明：两本书、太阳眼镜、钱包、手提电话和火车票。

ABDEG

8. 我的家人

大华：玛丽，这张照片里的人，是你的家人吗？

玛丽：对，中间的是我爸爸，他喜欢下棋。旁边是我妈妈，她喜欢听音乐会。这是我哥哥，他爱打篮球。这是我奶奶，她喜欢种花和种草。

妈妈	F	哥哥	A	奶奶	E

9. 工作

大明：我是大明。我每天晚上去伦敦大学的餐厅工作两个小时。玛丽，你呢？

玛丽：我每周去给邻居上一次中文课。

大华：美美，你每天去工作吗？

美美：我每天放学以后在超市工作两个小时。大华，你呢？

大华：我每天早上去送报纸，然后再去上学。

玛丽	D	美美	A	大华	E

10. 生日礼物

云云：美美，这双鞋子是你的吗？

美美：是我的，那是上个月哥哥送给我的生日礼物。

云云：真好看！你爸爸和妈妈送给你什么礼物？

美美：我爸爸送给我一本书，妈妈送给我一件衬衫。

爸爸	F	妈妈	B

11. 照片

小强：小丽，可以看看你的照片吗？

小丽：好。这一张拍的是海滩。后面的房子是我住的酒店。

小强：真漂亮。

小丽：第二张拍的是农村。农村没有城市里那么多的车，空气很好。

BC

12. 超市

大龙：丽丽，你知道超市几点开门吗？

丽丽：早上9:00。

大龙：什么时候关门呢？

丽丽：晚上10点钟。

大龙：你知道到超市怎么走吗？

丽丽：从我们公司坐113路、205路、77路公共汽车都可以到那里。
大龙：我妈妈让我买鸡蛋。不知道多少钱一斤？
丽丽：我昨天晚上买的，九元钱一公斤。
(a) C (b) BCE (c) B

13. 吃饭

大明：玛丽，你通常吃什么？
玛丽：午餐很简单，三明治就可以了。晚餐我妈妈做中国菜。你呢？
大明：我的午餐是汉堡包。晚餐我喜欢吃鱼。

玛丽	晚餐	C
大明	午餐	A
	晚餐	F

14. 海外留学生在北京

主持人：今天我们邀请到了在北京的一位外国留学生。他让我们叫他的中文名字，大龙。大龙，你好，请向听众介绍一下你自己。
大龙：大家好，我是大龙，是日本人，在北京大学学习中文。
主持人：大龙，你来中国多长时间了？
大龙：有两年了。
主持人：请问你为什么要学习中文？
大龙：主要是因为我的家庭。我妈妈是中国人，虽然她现在在日本，但她很希望我会说汉语。我爸爸是日本人，他和朋友在中国上海开了一家公司，他也很希望我学中文，可以帮助他在上海的工作。
主持人：在中国两年了，你觉得中国怎么样？
大龙：中国的东西比日本便宜，我很喜欢逛北京的商场。里面东西很多，而且都很便宜。但北京的天气不如日本好，冬天太冷了，风也很大。
主持人：除了北京，你还去过别的地方吗？
大龙：我还去过上海，上海也不错。

(1) Dalong is from Japan. He's studying Chinese at Beijing University. (3)
(2) Two years. (1)
(3) Dalong's mother is from China and she hopes that Dalong can speak Chinese. The second reason is that Dalong's father is from Japan and he has a company in Shanghai. He also hopes that Dalong can learn Chinese and help his business in Shanghai. (2)
(4) They have a wide selection of goods that are cheaper than those in shopping centres in Japan. (2)
(5) Beijing is colder and windier in winter. (2)

GCSE MOCK EXAM
PAPER TWO Speaking

Suggested Conversation Questions

A selection of topic-based questions for the speaking test is included.

The questions are not in sequence, nor are they mandatory. They may be rephrased or substituted by others within the same topic area. Teacher-examiners may also use their own questions or variations on the questions provided.

Closed questions may be used to introduce a new line of questioning but the candidates should be encouraged to expand on their answers.

In the United Kingdom and Abroad

1. 你喜欢英国的天气吗？为什么？
   Do you like the weather in the UK? Why/why not?
2. 你最喜欢哪个季节？为什么？
   Which season do you like best? Why?
3. 你喜欢你住的那个地区吗？为什么？
   Do you like your area? Why/why not?
4. 去年暑假/寒假你出去旅行了吗？
   Did you go on holiday and travel last summer/winter vocation?
5. 你在那儿做了些什么？买了些什么？
   What did you do there? What did you buy?
6. 你去过中国吗？介绍一下你的经历。
   Have you been to China? Tell us about it.
7. 你家里庆祝中国的节日吗？具体说一说。
   Does your family celebrate Chinese festivals? Tell us more about it.
8. 你最喜欢中国的哪个节日？为什么？
   What is your favourite Chinese festival? Give us your reasons.

* Additional Higher

1. 你觉得住在海边有什么好处？有什么不好？
   What are the advantages and disadvantages of living by the sea?

2. 说一说你认识的一个中国朋友。
   Tell us about one of your Chinese friends.

Education, Training and Employment

1. 你的学校在什么地方？离你家远吗？
   Where is your school? Is it far away from your home?

2. 请介绍一下你的班级。
   Describe your class.

3. 你几点钟上学？几点钟放学？你怎么去上学？
   What time do you get to school and leave school? How do you go to school?

4. 你每天上午有几节课？下午有几节课？
   How many lessons do you have in the mornings? And in the afternoons?

5. 介绍一下你学习的科目。
   Tell us about the subjects you study.

6. 你有没有不喜欢的科目？是什么？为什么不喜欢？
   Is there any subject that you dislike? What is it? Why don't you like it?

7. 你希望将来做什么工作？为什么？
   What kind of job do you hope to do in the future? Give us your reasons.

8. 你考完这次考试以后有什么计划？
   What plans do you have after the exam?

* Additional Higher

1. 说一说你认为最有用的学习中文的方法。
   Tell us what you think are the most effective ways of learning Chinese.

2. 你觉得面试的时候要注意些什么？
   What do you think people need to pay attention to when having an interview?

House, Home and Daily Routine

1. 你家的客厅是怎么布置的？
   What is your living room like?
2. 你家/你家附近有花园吗？介绍一下，好吗？
   Do you have a garden at home or is there one nearby? Tell us about it.
3. 介绍一下你的家庭，好吗？
   Tell us about your family.
4. 周末/放学后，你做什么？
   What do you do in the weekends/after school?
5. 你家谁洗衣服？谁洗碗？
   Who does the laundry at home? And who washes the dishes?
6. 你喜欢吃什么早饭？
   What do you like to have for breakfast?
7. 你经常去超市吗？你喜欢逛超市吗？
   Do you often go to supermarkets? Do you like shopping in supermarkets?
8. 你喜欢去餐馆吃饭吗？
   Do you like to eat in restaurants?

* Additional Higher

1. 你觉得和家人住好，还是在学校住好？为什么？
   Do you prefer living with your family members or living in school? Give us your reasons.
2. 你觉得家里的每一个人都应该做家务吗？为什么？
   Do you think every family member should do housework? Why?

Media And Social Activities

1. 说一说你喜欢的一种运动，好吗？
   Tell us one type of sport you like.
2. 你喜欢看电影吗？你最喜欢哪部电影？为什么？
   Do you like watching films? Tell us about your favourite film. Why do you like it?

3. 你喜欢看电视还是听收音机？为什么？

   Do you prefer watching television or listening to the radio? Why?

4. 你经常阅读吗？通常喜欢看什么样的书？

   Do you often read? What type of books do you like to read?

5. 你周末的时候通常做什么？

   What do you usually do at the weekends?

6. 你爸爸妈妈给你零花钱吗？你怎么花你的零用钱？

   Do your parents give you pocket money? How do you spend your pocket money?

7. 你觉得抽烟对身体有什么害处？

   What harm does smoking do to one's health?

8. 你喜欢去什么地方购物？

   Where do you like doing your shopping?

* Additional Higher

1. 你觉得现在年轻人最大的问题是什么？为什么？

   What do you think is the biggest problem for young people nowadays? Give us your reasons.

2. 你觉得人们应该怎样保护环境？

   How do you think people should protect the environment?

3. 你觉得老年人应该怎样保持身体健康？

   How do you think elderly people should keep healthy?

GCSE MOCK EXAM
PAPER THREE Reading and Responding

Time: 55 minutes

Use of Chinese Characters			
All questions are printed twice, once in traditional/full characters and once in simplified characters. Questions in traditional/full characters begin on page xx. Questions in simplified characters begin on page xx. **Answer only one set of questions.** Please indicate which set of questions you intend to work from by ticking one box below:			
TRADITIONAL/FULL 繁體字		SIMPLIFITED 简体字	

Instructions to Candidates

In the boxes above, write your centre number, candidate number, surname and initial(s), the paper reference and your signature. The paper reference is shown above.

Answer **all** questions in the spaces provided in this book.

Information for Candidates

The total mark for this paper is 50. The marks for the various questions are shown in round brackets, e.g. (2). There are xx pages in this question paper. All blank pages are indicated.

You may not use a dictionary.

Advice to Candidates

You are reminded of the importance of clear and orderly presentation in your answers.

1. 在超市

今日特价

苹果	八毛/斤
汽水	五毛/瓶
羊肉	十块/斤
牛奶	一块/瓶
面包	七毛/袋

Q: 以下商品各多少钱？将正确答案填在空格内。

例

A

B

C

7毛			

(Total 3 marks)

2. 到医院看病

(1)	我头疼得厉害。
(2)	我牙齿痛。
(3)	我的脚受伤了。
(4)	我喉咙疼，咳嗽。
(5)	我背疼。

选择正确答案，填在空格内。

例

A

B
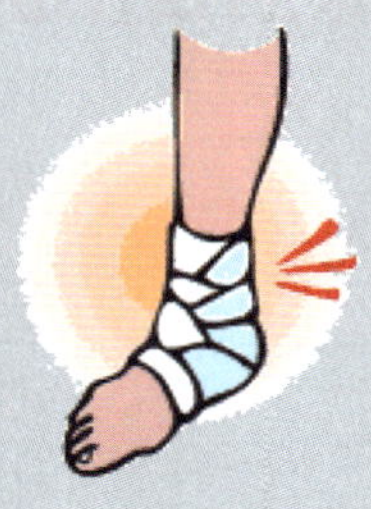

(1)		

C
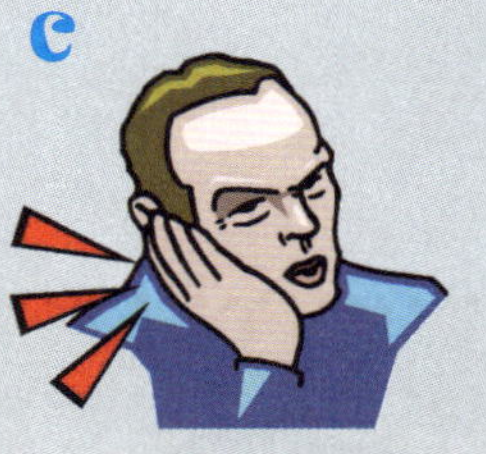

D

(Total 4 marks)

3. 爱好

(1)	爷爷喜欢种花。
(2)	奶奶喜欢读小说。
(3)	爸爸喜欢打太极拳。
(4)	妈妈喜欢购物。
(5)	我喜欢做饭。

Q: 他们喜欢什么？选择正确答案，填在空格内。

例

A

B

C

(5)			

(Total 3 marks)

4. 周末旅游要带的东西

(1)	药箱
(2)	睡袋
(3)	地图册
(4)	旅行包和衣服
(5)	面包
(6)	照相机
(7)	水

选择正确答案，填在空格内。

例 

A 

B 

C 

例	A	B	C
(7)			

D 

E 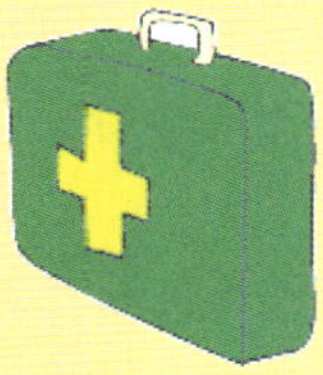

F 

D	E	F

(Total 6 marks)

5. 自我介绍

Q: 他谈到什么？在适当的空格内打√号。

例	我的名字叫小惠。
(1) 年龄	
(2) 名字	√
(3) 国家	

A 我喜欢学数学，不喜欢学物理。		B 每天早上起床后，我都要出去跑步。	
(1) 学习		(1) 旅游	
(2) 工作		(2) 宠物	
(3) 考试		(3) 习惯	

C 有空的时候，我喜欢上网玩电脑游戏。		D 明天我哥哥结婚，我们全家都很高兴。	
(1) 读书		(1) 家人	
(2) 吃饭		(2) 朋友	
(3) 爱好		(3) 学校	

(Total 4 marks)

6. 报纸上的广告

A	需要一名兼职售货员，感兴趣的人请联系 321244
B	中文旅行社，带您去苏格兰和威尔士！534213
C	我是教师，帮你准备考试。783452
D	我们是一家家具公司。834564
E	我们帮你找世界各地的笔友。654289
F	售票处 （各种戏剧和音乐会） 987326

Q: 他们应该给谁打电话？选择正确答案，填在括号内。

例：我是中国人，想去苏格兰旅游。 (B)

(1) 明天我很想看表演。 ( )

(2) 我想了解中国的文化，认识中国朋友。 ( )

(3) 我失业了，我想找新的工作。 ( )

(4) 我明年要参加高等程度会考。 ( )

(Total 4 marks)

7. 生日

今天是爷爷七十岁生日，我们一家人在家给爷爷庆祝。大家唱了生日快乐歌，吃了好吃的生日蛋糕，还喝了酒。我送给爷爷一张自己画的生日卡片，爸爸送了一部手机，叔叔送了一支好看的钢笔。大家都祝爷爷身体健康、活到一百岁。

例：他们庆祝什么？在适当的空格内打√号。

A

B

C

		√

(1)他们做了什么？指出两件事情，在适当的空格内打√号。

A

B

C

D

E

F

(2)爷爷收到什么礼物？指出两样，在适当的空格内打√号。

A

B

C

D

E

F

(Total 4 marks)

8. 对话

店员	顾客
(1) 请问您想买些什么？	A 我就要蓝色的吧。
(2) 这种样式的裙子您喜欢吗？	B 好的。
(3) 您喜欢什么颜色？我可以帮您看看。	C 三十八号。
(4) 这儿有蓝色和绿色的，您喜欢哪种？	D 我想买一条裙子。
(5) 您穿多大的？	E 样子还不错，可是我不喜欢它的颜色。
(6) 这是您要的裙子，样子、颜色、大小都对。	F 绿色和蓝色。
(7) 一共158元，请到前面柜台付钱。	G 谢谢！多少钱？

选择正确答案，填在空格内。

店员问	顾客答	店员问	顾客答
(1)	D	(5)	
(2)		(6)	
(3)		(7)	
(4)			

(Total 6 marks)

9. 圣诞树

圣诞节快到了，大家都到____ (1) 买礼物， 那里有一____ (2) 圣诞老人， 他有____(3) 胡子， 穿着红衣服， 戴着红帽子。 他走来走去， 对每个人笑，我们大家都____(4) 他。爸爸买了一棵____ (5) ， 妈妈把它放在____ (6) 里， 上面挂着____ (7) 小灯， 一闪一闪，很好看。

选择正确答案，填在空格内。

例	客厅	(6)
A	喜欢	
B	商店	
C	很多	
D	白	
E	圣诞树	
F	位	

(Total 6 marks)

10. 人物传记——靳羽西

靳羽西（Jin Yuxi）出生在“山水甲天下”的桂林。她是家里的老大，下面有三个妹妹。因为生在广西，所以父亲为她取名羽西。在她小时候，父母就常常说：“做事情要有自信心，一定要努力做好每件事。”她想学钢琴、学芭蕾，父母就为她请来最好的钢琴老师和芭蕾老师；当她对法语课的兴趣忽热忽冷时，父母也让她自由发展。

靳羽西青少年时代住在香港，十六岁到美国，先后在夏威夷（Hawaii）和杨伯翰大学（Brigham Young University）学习，在音乐艺术系专修钢琴。大学时在美国大学生选美中夺得“中国水仙花公主”称号。大学毕业时拿到两个学位：音乐和政治。

在美国，她因为制作、主持《看东方》电视节目获得“杰出妇女奖”、“终生成就奖”等。这个节目使一些美国人改变了对中国的奇怪看法，他们开始用一种理解的眼光看东方。因为在介绍东西方文化方面的巨大贡献，靳羽西获得了包括联合国和美国国会在内的各组织机构颁给的二十多个奖项。

(adapted from http://www.whoswhochinese.com/wsw01/jinyuxi.htm)

Answer the following questions in ENGLISH.

(1) How many children are there in Jin Yuxi's family? (1)

(2) Why is she called Yuxi? (1)

(3) What did her parents often tell her when she was a child? (2)

(4) In which subjects did she get degrees? (2)

(5) What effect did Yuxi's TV programme 'Look East' have on the Americans? (2)

(6) For what reason did she gain more than twenty awards? (2)

(Total 10 marks)

Key. PAPER THREE

1.	A 五毛	B 八毛	C 一块			
2.	A (4)	B (3)	C (2)	D (5)		
3.	A (3)	B (4)	C (1)			
4.	A (5)	B (6)	C (3)	D (2)	E (1)	F (4)
5.	A (1)	B (3)	C (3)	D (1)		
6.	(1) F	(2) E	(3) A	(4) C		
7.	(1) AE	(2) BC				

8.

店员问	顾客答
(2)	E
(3)	F
(4)	A
(5)	C
(6)	G
(7)	B

9.

例	客厅	(6)
A	喜欢	(4)
B	商店	(1)
C	很多	(7)
D	白	(3)
E	圣诞树	(5)
F	位	(2)

10.

(1) Four

(2) Because she was born in Guangxi.

(3) That she should have confidence and should try her best to do well in everything.

(4) Music and Politics

(5) This programme changed some of the Americans' distorted views on China, and they started to see the East in an understanding manner.

(6) For her tremendous contribution to introducing the cultures of East and West to each other.

GCSE MOCK EXAM
PAPER FOUR Writing

Time: 1 hour 15 minutes

Use of Chinese Characters

All questions are printed twice, once in traditional/full characters and once in simplified characters. Questions in traditional/full characters begin on page xx. Questions in simplified characters begin on page xx. **Answer only one set of questions.**

Please indicate which set of questions you intend to work from by ticking one box below:

TRADITIONAL/FULL 繁體字		SIMPLIFITED 简体字	

Instructions to Candidates

In the boxes above, write your centre number, candidate number, surname and initial(s), the paper reference and your signature. The paper reference is shown above.

Answer **all** questions in the spaces provided in this book.

Information for Candidates

The total mark for this paper is 55. The marks for the various questions are shown in round brackets, e.g. (2). There are xx pages in the question paper. All blank pages are indicated.

Advice to Candidates

You are reminded of the importance of clear and orderly presentation in your answers.

Food

1. You are going to a supermarket to buy some food for your family. Write down five items of food **in Chinese**.

例	面包
（1）	
（2）	
（3）	
（4）	
（5）	

(Total 5 marks)

Sports

2. Xiaodong loves sports and takes part in a lot of sports activities after school. Fill in the blanks **in Chinese** about the sports that Xiaodong participates in on each weekday, using the pictures to help you.

例：小东星期一游泳。 

（1）星期二 ______ ______ ______ ______。 

（2）星期三 ______ ______ 。 

（3）星期四 ______ ______ ______ 。 

（4）星期五 ______ ______ ______ 。 

（5）星期六 ______ ______ 。 

(Total 10 marks)

Postcard

3. Write a postcard of about **30 Chinese characters** to your friend, telling him (her) about your new school. Remember to mention the following points:

- The location of your new school
- What your new school looks like
- The teachers and students in your new school

....

....

....

....

....

....

....

....

....

....

....

....

(Total 20 marks)

Internet

4. Write an essay of about **100 Chinese characters** about using the Internet. Remember to respond to all the points below:

- 你多大开始上网？
- 你通常什么时候上网？
- 你用互联网做什么？
- 你认为上网的好处和坏处有哪些？

....

....

....

....

....

....

....

....

....

....

....

....

....

....

(Total 20 marks)

Part Six
Grammar for GCSE

Section 1 Parts of Speech

1. Notional Words	2. Functional words
名词(noun)——朋友，老师	副词(adverb)——很，极
动词(verb)——走，学习	介词(preposition)——从, 在
助动词(modal verb)——能，要	连词(conjunction)——和，而且
形容词(adjective)——好，聪明	助词(particle)——了，呢
数词(numeral)——二，第二	叹词(interjection)——啊，哟
量词(measure word)——个，斤	象声词(onomatopoeia)——砰，哗
代词(pronoun)——我，什么	

Section 2 Basic Sentence Structure

Words and phrases can be classified into the following sentence elements according to their syntactic functions: subject, predicate, object, attributive, adverbial adjunct and complements. A sentence that includes one subject-predicate phrase or one predicate is a **basic sentence**, or a **simple sentence**. We will first look at the most frequently used basic sentence structures in Mandarin Chinese, after which attributives, adverbials and complements will be further explained. In Section 3, we will look at sentences with special verbal predicate, which forms an important part of basic sentences used in Mandarin Chinese.

Examples will be given for every grammatical point covered below. We will also indicate which points that English learners of Chinese need to pay particular attention to. You are encouraged to practice the following grammatical points by yourselves, reflect on your personal experience of learning Chinese and think of potential/existing problems in your learning process which are unique to you and might not be covered in the following sections.

Please also note that the following sections cover only the most essential grammar needed for the preparation of GCSE Chinese. You are therefore strongly recommended to refer to the other books in the same series for more advanced grammar.

1. Sentences with Adjectival Predicate

(1) Basic Structure

Subject/topic (e.g. noun/pronoun) + (negative) + (adverbial modifier) + adjective

昨天很冷。

他很冷。

他不冷。

他不很冷。

(2) Note the following sentences with coordinated subjects/topics followed by 都

我和小王都很冷。(Both Xiaowang and I are very cold.)

茶和咖啡都不很热。(Both tea and coffee are not very hot.)

(3) Common errors among English learners of Chinese

The redundant use of 是

他是冷。×

他很冷。√

这条裙子不是好。×

这条裙子不好。√

这条裙子很好，是不是？ √

这条裙子是不是很好？ √

*Teacher's advice

Usually, a sentence with an adjectival predicate does not use 是 as the predicate. Instead, it uses an adjective as the predicate. 是 is used, for example, when you want to form a question using 是不是 as in the last two example sentences.

2. Sentences with a Verbal Predicate

A sentence with a verbal predicate is one in which a verb acts as the predicate to state the action, mental activity or change of a person or thing, etc.

(1) Basic Structure

Subject (noun/pronoun) (+ negative) + verb (+ indirect object) (+ direct object)

他喝茶。
他常常喝茶。
他不喝茶。
他不常常喝茶。
他给我一本书。
我走了。

(2) Wrong object order after the predicate 给
我给她一本书。 √
我给一本书她。 ×

*Teacher's advice
The verb 给 in Chinese and 'give' in English can take two objects, the first object, i.e., the indirect object, must refer to a person and the second object, i.e., the direct object must refer to a thing. In English, we can either say 'give a book to her' or 'give her a book', but in Chinese, the object referring to a person cannot be put after the object referring to a thing.

(3) Use of double objects with such predicates as 买 and 写
我给她买了一本书。(I bought her a book.)
我买了她一本书。(I bought a book from her.)

*Teacher's advice
When we want to say 'I bought her a book', we cannot translate the sentence into Chinese simply word by word. In Chinese, 我买了她一本书 can mean 'I bought a book from her' rather than 'I bought her a book'. In this sense, the verb 买 in Chinese does not take double objects. The verb 写 also cannot take double objects.
我给她写了一封信。 √ (Note that 给 here is used as adverbial adjunct.)
我写了她一封信。 ×

3. Sentences without Subjects

(1) Basic Structure: Predicate (+object)
下雨了。(It's raining.)
该上课了。(It's time for class.)

4. Questions

(1) Yes or No Questions

In Chinese, we do not need to put the verb before the subject in order to make a yes or no question. There are three ways to form a yes or no question.

1) We can simply add the question particle 吗 after the affirmative sentence.

Subject + predicate + 吗？

你说英文吗？

你有宠物吗？

你喜欢在医院工作吗？

她很漂亮吗？

2) Subject + 是不是 + predicate + (呢)?

In this case, we do not use the question particle 吗. We could however use 呢, but 呢 is optional.

你是不是说英文（呢）？

你是不是有宠物？

她是不是很漂亮？

3) When the predicate is a verb, we can repeat the verbal predicate and add a negation word between the two repeated verbs. In this case, we do not use the question particle 吗, either. We could use the optional 呢, though.

Subject + verb predicate1 + not＋verb predicate1+ (呢)?

你说不说英文（呢）？

你喜（欢）不喜欢在医院工作？

你有没有宠物？

Note that most of the verbs can be used together with 不, but 有 should come with 没.

4) Please pay attention to the following sentences:

他（不）（很）冷，对吗/对吧/是吗/是不是/对不对？(for confirmation)

他（不）（常常）喝茶，对吗/对吧/是吗/是不是/对不对？

我很冷，你呢？(“你呢” means ‘What about you?’)

他常常喝茶，你呢？

(2) Choice-type Questions

1) We can ask a choice-type question for the predicate using （是）……还是……. The question particle 呢 is optional. 吗 is forbidden in this type of question.

Subject +（是）+ predicate 1 (+ object1) （+ 呢，）+ 还是 + predicate 2 (+object 2) (+ 呢)?

你明天（是）工作（呢，）还是学习（呢）？

你（是）来这儿（呢，）还是去那儿?

2) If the two predicates are the same, we can omit the second one.

Subject + （是）predicate + object 1（+ 呢，） + 还是 + object 2 (+ 呢) ?

你（是）喜欢数学课（呢，）还是历史课（呢）？

3) We can also have a choice between two subjects.

Subject 1 + predicate （+ 呢，）+ 还是 + subject 2 + predicate (+ 呢)?

你去（呢，）还是我去（呢）？

你说英文还是他说英文?

4) We can also have a choice between adverbial adjuncts.

Subject + （是）adverbial adjunct 1 + predicate （+ 呢，）+ 还是 + adverbial adjunct 2 + predicate (+ 呢)?

你（是）明天去超市（呢，）还是今天去（超市）（呢）？

你很快(地走) 还是很慢地走?

(3) Questions with Interrogative Pronouns

1) Please compare the following questions and their answers, paying attention to the word order.

a. 谁

他们是谁（呢）？

他们是我的朋友。

b. 什么

这是什么（呢）？

这是一张照片。

c. 哪儿

你要去哪儿旅游（呢）？

我要去中国旅游。

d. 哪 + measure word + noun

你喜欢哪本书（呢）？

我喜欢第二本书。

e. 怎么
你怎么去上学？
我骑车去上学。

From the above examples, we can see that word order in questions with interrogative pronouns is the same as that in an affirmative sentence. Unlike English, in Chinese, we do not put the interrogative pronoun to the beginning of the sentence, nor do we put the predicate before the subject. Therefore, the following sentences are wrong:
什么是这？ ×
哪儿你要去旅游？ ×

2) Please also note that 吗 is again forbidden in this type of question. 呢 is allowed, but optional. Therefore, the following examples are both wrong:
他们是谁吗？ ×
你喜欢哪本书吗？ ×

3) Interrogative pronouns can also be used to express inclusiveness and exclusiveness by using the interrogative pronoun + 都.
我什么都吃。(I eat everything.)
他哪儿都想去。(He wants to go everywhere.)
谁都不认识他。(Nobody knows him.)
哪种方法都不行。(None of the methods works.)

(4) 吧

Note that we use the particle 吧, in place of 吗, to form a question when we wish to confirm our guess or assumption.
你是中国人吧？(=你是中国人，是吗/是吧/对吧/是不是/对不对？)
You're Chinese, aren't you?

*Teacher's advice
In terms of particles in questions, we can roughly follow these rules:
Firstly, 吗 and 吧 are only allowed in one type of yes-or-no questions: subject + predicate + 呢/吧.
Secondly, 吗 and 吧 have different implications for a yes-or-no question. When you do not know the answer of a question, you use 吗 whereas you use 吧 in a yes-or-no question for confirmation.
Thirdly, another function of 吧 is to make a suggestion, for example:
我们一起去吧。
我们去喝茶吧。

Lastly, except the pattern 'subject + predicate + 吗', 呢 is allowed in all the other types of questions, but can be omitted very often .

5. The Attributives

(1) The attributive is a word or a phrase used to modify or restrict the subject or the object with regard to quantity, time, place, category, scope, character, state or quality, etc., of the subject or the object. They can be adjectives, nouns, verbs, clauses, prepositional or postpositional phrases, numeral or demonstrative and measure word phrases, pronouns, idioms, etc.

(2) The word order of an attributive and a head noun is:
Attributive + head noun (subject/object)

(3) Words or phrases that can act as attributives

1) Pronouns
这是我的杯子。
这是谁的书？

2) Adjectives
他有一个好朋友。 √
他有一个好的朋友。 ×

他有一个很小的电视。 √
他有一个很小电视。 ×

这是美丽的中国。 √
这是美丽中国。 ×

*Teacher's advice: Generally speaking, when adjectives are used as attributives, monosyllabic adjectives cannot go with 的 whereas disyllabic/multisyllabic adjectives and monosyllabic adjectives following adverbial adjuncts need to have 的.

3) Nouns
爸爸的书
英国的生活

4) Verbs and Clauses
我们都爱吃他做的鱼。
开会的时间是明天早上十点。

这是我买的书。 √
这是书我买的。 ×

*Teacher's advice: Please pay attention to the order between attributives and the head noun. This is different from the order between attributive clauses and the head noun in English.

5) Prepositional or Postpositional Phrases
我想念在中国的日子。
路上的建筑很漂亮。

6) Numeral or Demonstratives and Measure Words
三个孩子(numeral + measure word)
这次考试(demonstrative + measure word)
这座城市(demonstrative without measure word)

6. The Adverbial Adjuncts

(1) We can use an adverbial adjunct to modify or to restrict the verb or adjective predicate in terms of time, place, degree, scope, purpose, manner, etc. For example,

1) Restrictive adverbials followed by a verb or an adjective predicate
我们明天早上走。(time)
他们在北京学习汉语。(place)
请你用普通话说。(manner)
天气很冷。(degree)
我和小美都去了。(scope)
小美也去。(scope)
为了复习GCSE，他睡得很晚。(purpose)

2) Descriptive adverbials followed by a verb predicate need 地 to indicate 'in the manner of'.
他认真地学习。(manner)

Note that descriptive adverbials often use 地 before the verb predicate except where the adverbial is a monosyllabic adjective.

快走！ √

快地走！ ×

3) Please note that stative verbs can be used as adverbs. For example,

中文很难学。

这本书很容易找。

这本书好看。

中国菜好吃。

(2) Position of adverbial adjuncts in relation to the predicate.

我在北京学习汉语。 √

我学习汉语在北京。 ×

我今天早上七点起床。 √

我起床今天早上七点。 ×

我跟我的朋友去吃饭。 √

我去吃饭跟我的朋友。 ×

*Teacher's advice: In English, such adverbial adjuncts as time, place, manner, etc., are often put after the verb predicate; In Chinese, they must precede the verb predicate. Please remember TMP (Time, Manner, Place) as the order before the verb.

(3) Please note that the negation word is put before the adverbial adjunct.

他不常常打篮球。

妈妈没和我们一起去图书馆。

7. The Complements

A complement follows a verb or an adjectival predicate to further illustrate the predicate in terms of the direction of an action (directional complements), the result of an action (resultative complements), the potential possibility of an action (potential complements) and the manner/degree of an action (manner/degree complements), etc.

(1) Directional Complements

Directional complements are attached to a verbal predicate to complete or illustrate the direction of an action. Directional complements can either be such verbs as 来/去/上/下/进/出/回/过/走/起, etc. or verbal phrases such as 上来/下来/上去/下去/进来/进去/出去/出来/过去/起来, etc.

1)Verb predicate + directional complement + (object)
她向我走来。
信寄走了。
她想起那件事了。
汽车开过去了。
雨下起来了。

2)Verb + directional complement 1 + object of place + directional complement 2
她爬上山来。
下起雨来。

(2) Resultative Complements
A resultative complement consists of either a result verb or an adjective and it is placed immediately after the verb predicate.

1)Verb predicate + resultative complement (+object)
妈妈擦干净了桌子。(adjective as complement)
你说对了。
我看见她了。(verb as complement)
我学会中文了。
这列火车开往伦敦。(prepositional phrase as complement)
书放在电视机旁边。

Note that the resultative complement must immediately follow the verbal predicate and we should never insert any element between them.

擦干净桌子 √
擦桌子干净 ×

回答对那个问题 √
回答那个问题对 ×

(3) Potential Complements
Potential complements point to results that are projected by the speaker to be possible or impossible. They are constructed as follows:

Positive potential: verb predicate + 得 + adjectival/verbal complement
Negative potential: verb predicate + 不 + adjectival/verbal complement
这个字看得见。
这个字看不见。

(4) Complements of Manner and Degree
Complements of manner and degree are attached to a verb or an adjectival predicate to complete and illustrate the degree or state of an action.

1)Verbal/adjectival predicate + 得 + complement of manner/degree
他普通话说得很流利。(adjective as complement)
天气冷得很。(Note that we can also say 天气冷极了here) (adverb as complement)
你考得怎么样？(pronoun as a complement)
我累得走不动了。(phrase as a complement)

Note that the negation word 不 cannot precede 得.

他普通话说得不流利。 √
他普通话不说得流利。 ×

8. A Summary for 的，地，得

(1) 的 is a marker of pronominal attributives. (see 'attributives' for more)

1) Adjective + 的 + noun
他是一个很好的男孩。 √
他是一个好的男孩。 ×

*Teacher's advice: 的 cannot be used together with monosyllabic attributives.

2) Subject + verb + 的 + noun
This is like relative clauses in English. However, Chinese puts the modifying part before the main noun.
这是他喜欢的书。 √
我有三本的书。 ×

*Teacher's advice: 的cannot be used together with numerals nor demonstratives nor measure words.

(2) 地 is a marker of pre-verbal descriptive adverbial adjuncts, indicating 'in the manner of' (see 'adverbial adjuncts' for more).

1)Adverbial adjuncts + 地 + verb
他很慢地跑。 √
他慢地跑。 ×
他慢跑。 √

*Teacher's advice: a monosyllabic adjective as descriptive adverbial does not need 地.

(3) 得 is a marker of post-predicate complement (See 'potential complement' and 'complement of manner/degree' for more.). It is used together with

1) positive potential complement
Verb predicate + 得 + adjectival/verbal complement
他跑得很快。

2) complement of manner/degree
Verbal/adjectival predicate + 得 + complement of manner/degree
我跑得有点儿慢。

Section 3 Special Verbal Predicates

1. The 是-sentence

(1) The 是-sentence is one in which the verb 是 is used as the predicate to show judgment or locality.
Subject + 是 + object

1) Judgement:
我是学生。
这是我们学校的图书馆。

2) Locality:
超市东边儿是公共汽车站。
火车站前是一个宽阔的广场。

(2) Pay attention to the following points:
在学校的旁边是博物馆。×
学校的旁边是博物馆。√

*Teacher's advice

Subject expressing locality in 是 sentence cannot be a prepositional phrase.
博物馆是学校的旁边。×
博物馆在学校的旁边。√
Predicate before locality should be 在 instead of 是

2. The 在-sentence

The 在 -sentence is used to express location.
Subject (person/thing.) + （不）在 + object (location)

词典在书桌上。
图书馆不在这儿。

我在图书馆。
昨天他不在家。

3. The 有-sentence

有 used as predicate is to indicate 'possession' or 'existence' (please also refer to existential sentences for expressing existence).
Subject + (没)有 + object

我家有三口人。(possession)
我有那本书。(possession)
学校的旁边有一个博物馆。(existence)
我今天没有中文课。(existence)

Please note that 发烧 and 头疼 is a verbal phrase and can stand alone as predicate.

昨天我有头疼。×
昨天我头疼。√

我有发烧。×
我发烧。√

4. Existential Sentences

An existential sentence indicates the existence, appearance, or disappearance of a thing or a person in a certain place or at a certain time.
Place/direction/time + verb + thing/person

桌子上有书。(verb as predicate)
桌子上放着书。(verb + aspectual marker)
昨天来了三个朋友。(verb + aspectual marker)
前边开过来一辆车。(verb + directional complement)

Note that the subject of existential sentences should not include prepositions in most cases (please also refer to the 是 sentence).

在桌子上有书。×
桌子上有书。√

5. Pivotal Sentences

(1) Basic Structure:
A pivotal sentence has two predicates, the object of the first being the subject of the second. The element that is used as the object of the first predicate and the subject of the second predicate is called the pivot.
Subject + Predicate 1 + Pivot + Predicate 2

他让我写中文。
他请我吃饭。
他的话使我很高兴。

(2) Pay attention to the following points:

1) The first predicative verb

小红问我告诉你这件事。×

小红让我告诉你这件事。√

***Teacher's advice**

The first verb should indicate command or request, for example, 使，让，请，etc.

2) Positions of other elements in a sentence in relation to the predicates and the pivot

小红请晚上我看电影。×

小红请我晚上看电影。√

小红晚上请我看电影。√

***Teacher's advice**

There allows no other element between the first predicate and its object (i.e. the pivot). So time (晚上) comes either preceding the first predicate or after the pivot.

小红请我会看电影。×

小红会请我看电影。√

***Teacher's advice**

Modal verb 会 comes before the first predicate.

爸爸妈妈让我不抽烟。×

爸爸妈妈不让我抽烟。√

***Teacher's advice:** 不 comes before the first predicate.

3) Do not overuse pivots

a. 看到这张照片，使我想起了我的老师。×

b. 看到这张照片，我想起了我的老师。√

c. 这张照片使我想起了我的老师。√

***Teacher's advice**

In sentence a, the subject of both 看 and 想起 is 我, so 我 is the subject of the whole sentence (as in sentence b), rather than the pivot. In sentence c, 我 is the subject of the second predicate 想起 while at the same time the object of the first predicate 使; 我 is therefore a pivot.

6. Sentences with Verbal Constructions in Sequence

There are sentences with two or more verbs or verbal phrases acting as predicate of the same subject.
Subject + (不)＋ Predicate 1 (+ object 1) + predicate 2 (+ object 2)

他想唱歌。
我去中国过圣诞节。
他听了这个故事很感动。
我不去图书馆看书。

7. The 把-construction

The preposition 把, together with the object of the verb predicate, can act as adverbial adjunct for the predicate.

(1) Basic structure:
Subject (doer of the action) + 把 + object (receiver of the action) + verbal predicate + other elements

(2) The 把-construction is used to express that an action is applied to somebody or something (the object) and affects the person or the thing in a certain way.

1) The result of the action is the person/thing 'reaches' a new place.

我把书放在桌子上了。

In the above sentence, 我 exert an action on 词典 and the result of this action is: 词典 is now in a new place 桌子上. In this case, we should use the 把-construction. "在桌子上" is a resultative complement for the verbal predicate. Similar examples are as follows:

我把书掉到地上了。
你不能把这本书带出图书馆。
我把书寄回国了。

2) The result of the action is the person/thing 'reaches' a new person, a new state, or 'changes' to a new type.

我把我的朋友介绍给我的老师。
我把书还给他。
我把那本小说看完了。
请把照相机拿出来。(with a directional complement)
妈妈把房间布置得漂亮极了。(with a manner complement)
他要把这本书翻译成中文。

(3) The following types of verbs cannot be applied to control or influence people/things; they therefore cannot be used in the 把-construction.

1) Verbs denoting perception (e.g. 知道，看见，听见，理解，认为，etc.)

我把这件事情知道了。×
我知道这件事情了。√

2) Verbs denoting existence (e.g. 有，在，是, etc.)

书房在我的房间隔壁。

3) Psych-verb (e.g. 喜欢，讨厌，生气，关心，害怕，愿意，etc.)

我喜欢这本书。

4) Verbs denoting direction (e.g. 来，去，上，下，起来，过去，etc.)

她昨天去了一趟伦敦。

5) Verbs denoting the state of the body (e.g. 躺，坐，站，蹲，etc.)

他在沙发上坐了一会儿。

(4) Positions of other elements in relation to the 把-construction

1) 我们应该把衣服洗干净。
我想把作业做完。

*Teacher's advice

Modal/auxiliary verbs should be put before the 把-construction.

2) 我们明天把这部电影再看一遍。
考试后我会把房间打扫干净。

*Teacher's advice

Time should be put either before the sentence or after the subject, before the 把-construction.

8. Repeating the Verb

Repeating the verb has the effect of softening the suggestion, question, requirement or statement. For example,

(1) 您帮我看（一）看有没有中文书。
(2) 我介绍你认识认识小李。

Verbs of one syllable (as in example a) can insert 一 in the middle when they are repeated, but the 一 is very often omitted. Verbs with two syllables (as in example b) cannot insert 一.

Section 4 Numbers and Relevant Functions

1. Talking about Numbers

这个学校有多少学生？
三百四十个。

2. Talking about Price and Currency

(1) 这个书包多少钱？
三十块/元/镑。

(2) 苹果多少钱一斤/公斤/磅？
四毛五一斤/公斤/磅。

3. Talking about Weight, Height, Length, Distance, Width, and Measurements

(1) 你有多高？
我一米八多/差不多6英尺。

(2) 你有多重？
我140磅/70公斤左右。

(3) 这张桌子有多长？
一米多（一点儿）/四英尺不到（一点儿）。

(4) 这张床有多宽？
大概两米吧。

(5) 你的家离学校有多远？
两英里不到/快三公里吧。

Which of the underlined parts express the following meaning?

(1) a little
(2) less than
(3) more than
(4) more or less
(5) almost

4. Talking about Age

(1) 他几岁了？
他八岁了。

(2) 他多大岁数了？
他六十了。

(3) 他二十几了？
他二十四了。

(4) 他今年二十三四了吧？
对，他二十三了。

*Teacher's advice: Please note that we cannot use the first question for adults.

5. Talking about Time

(1) Time scale

前天	昨天	今天	明天	后天	
上上个星期	上个星期	这个星期	下个星期	下下个星期	
上上个月	上个月	这个月	下个月	下下个月	
前年	去年	今年	明年	后年	
早上	上午	中午	下午	傍晚	晚上
九点	九点二十（分）		九点一刻（三刻，半）		九点差一刻

(2) Year and date

一九九八年　　二零零五年二月一号（日）

(3) Periods of time

1) 五分钟　　五个小时（五个钟头）（*五钟头，√五小时）　　五天
五个星期　　五个月　　五年

2) 半分钟　　半个小时（半个钟头）（*半钟头，√半小时）　　半天
半个星期　　半个月　　半年

3) 三刻钟，一刻钟

4) 一会儿

5) 等他半小时，坐半小时（的）车，走半小时

*Teacher's advice: Please note that the expressions with * are not acceptable.

(4) Asking about time, dates, etc.

1) 现在几点（了）？今天几号（了）？今天星期几？

2) 什么时候 can be used as a general expression, similar to 'when'.
你什么时候吃饭？
Besides, you can also ask the following questions to be more specific:
你几点吃饭？
你星期几去北京？
你哪天(哪个星期，哪个月，哪年)去北京？

(5) Asking about periods of time

1) 多长时间（多少时间）/多久are general expressions.
你等了多长时间/多久？

2) Besides, you can also use the following questions to be more specific.
你等了几分钟（多少分钟）？
（几个小时/多少小时，几天/多少天，几个星期/多少星期，几个月/多少月，几年/多少年）
你每天看几个钟头的书？

(6) Please pay attention to the use of 就 and 才 with time expressions.
他九点就到机场了，太早了。
他下午3点才到机场，太晚了。

*Teacher's advice: both 就 and 才 are adverbs and used as adverbials. 就 expresses the notion that the action takes place quickly, early or smoothly; whereas 才 slowly, unsmoothly. 就 can also be used together with 一, meaning 'as soon as', e.g. 我一来就买到电影票了。

6. Approximate Numbers

(1) Using 多
多 expressing approximate numbers should be put in two different positions according to the different types of numerals used in the expression.

1) With digits
Numeral + Measure Word + 多 (+ noun)

三岁多
三个多小时
六十四公斤多大米

2) With integrals such as 十，百
Numeral + 多 + Measure word (+noun)
六十多岁
二十多公斤
三十多个小时

(2) Two consecutive numbers
两三个学生
二三十公斤大米
三十三四岁

Section 5 Comparison

1. To Make Comparisons

比 is the key word if you want to make comparisons in Chinese.

(1) Positive Comparison

1) Noun 1 + 比 + noun 2 + adjective
上海比南京大。
我比他高。

We can add a degree complement to indicate the degree of comparison.
上海比南京大很多。
上海比南京大得多。
我的书比他的新一些。
我比他高一点儿。

2) Noun 1 + verb + 得 + 比 + noun 2 + adjective
他的字写得比我好。
他的歌唱得比我好。

Again, we can add a degree complement to indicate the degree of comparison.
他的字写得比我好得多。
他的歌唱得比我好一点儿。

3) Subject (+ predicate) + verb + 得 + 比 + another person + adjectives
他(写字)写得比我好。
他(跑步)跑得比我快。
她(唱歌)唱得比我好。

Again, we can add a degree complement to indicate the degree of comparison.
他写得比我好得多。
他跑得比我快一点儿。
她唱得比我好一些。

(2) Negative Comparison

1) We use 没有 before the second entity in the comparison to indicate a negative comparison.
南京没有上海大。(Nanjing is not as big as Shanghai.)
他的字没有我写得好。(His handwriting is not as good as mine.)
他唱得没有我好。(He sings not as well as me.)

2) When we use 不 rather than 没有, we mean 'not + comparative' in English.
我不比他高。(I'm not taller than him.)
他的字写得不比我好。(His handwriting is not better than mine.)
他唱得不比我好。(He does not sing better than me.)

2. To Express the Superlative

In Chinese, 最 is the word to express the superlative. For example,

(1) 最 + verb
我最喜欢中文。(I like Chinese the most.)
这是我最喜欢的书。(This is the book that I like the most.)

(2) 最 + adjective
我的家最漂亮。(My home is the most beautiful.)
这是这儿最贵的商店。(This is the most expensive shop here.)

(3) '最 + adjective' can also act as a degree complement for the predicate. Please pay attention to the difference between the following examples.
他的字写得最好。(His characters are the best written.)
他跑得最快。(He runs the fastest.)

3. To Express 'the same'

In Chinese, we use the pattern 跟……一样 to express 'the same as'.

(1) noun 1 + 跟/和 + noun 2 + 一样 + adjective
他跟我一样高。
他的字写得跟我的一样好。

(2) verb + 得 + 跟/和 noun 2一样 + adjective
他写得跟我一样好。

(3) noun 1 + 跟 noun 2 + 一样 + verb
他跟我一样喜欢跳舞。

(4) You can also say the following sentence:
我们的爱好都一样。(Our hobbies are the same. 我们的爱好都相同。)
我们有一样的爱好。(We have the same hobbies.我们有相同的爱好。)

Section 6 Complex Sentences

We can form complex sentences based on simple sentences, by using connectives. Please pay attention to the following connectives.

1. (虽然)……可是/但是/可/但…… (Although)

他虽然很年轻，可他已经是一家公司的经理了。
(Although he's very young, he's already the manager of a company.)
天气虽然很糟糕，但是我们还要继续往前走。
(Although the weather is terrible, we still want to go on walking ahead.)

2. (因为)……所以…… (Because)

因为他病了，所以他今天不能来上课。
(He's ill, so he can't come to the class today.)
因为天气很不好，所以我们今天不划船了。
(The weather is very bad, so we can't row today.)

3. 要是/如果……(的话)，……就……（If)

如果你想去看电影(的话)，就给我打电话。
(If you would like to go to the cinema, give me a call.)
要是我去超市，就帮你买瓶果汁。
(If I go to the supermarket, I'll buy a bottle of juice for you.)
如果天气不好(的话)，我们就不划船了。
(If the weather is not good, we're not going to row.)
要是病了，你就别来上课了。
(If you're ill, don't come to the class.)

Note that 就 is put before the verb in a statement and before the negation word in a negative sentence.

4. 除了……（以外），…… 都……(except)

除了小王（以外），我们都去过北京了。
(Except for Xiao Wang, we all have been to Beijing.)
除了今天下午（以外），别的时间我都可以去那儿。
(Except for this afternoon, I can go there any time.)

Note again that 都 is put before the verb.

5. 除了……（以外），……也/还……（in addition to）

除了天气以外，我们也要看看时间，然后才能决定是不是去划船。
(In addition to the weather, we also need to check the time, and we can then decide whether to row.)
除了蓝色，我还喜欢绿色和红色。
(In addition to blue, I also like green and red.)

Similar to 都 and 就，也 and 还 are both put before the verb.

6. ……的时候，……（正）在(When)

我给他打电话的时候，他正在看电视。(When I called him, he was watching TV.)
他到我家的时候，我正在做饭。(When he arrived at my home, I was cooking.)

Please note that 在 or 正在 is to indicate that the action is in progress, for example:
你在做什么？(What are you doing?)
我在看书。 (I'm reading.)
你在看电视吗？ (Are you watching TV?)
没有，我正在听收音机。(No, I'm listening to the radio.)
Please note that we use 没有 to give a 'no' answer and 是 to give a 'yes' answer.

7. ……一……就…… (as soon as, once)

我一回到家就给你打电话。(I'll give you a ring as soon as I'm home.)
天一开始下雨我们就不再划船了。(We stopped rowing once it started to rain.)

8. 一面/一边……， 一面/一边……(doing two things at the same time)

他一边看电视，一边做饭。
(He watched TV and did some cooking at the same time.)
我一面听音乐，一面做作业。
(I listened to music and did my homework at the same time.)

9. 越…… （就）越…… （the more…, the more…）

你越紧张，就越不能取得好成绩。
（The more nervous you are, the less likely you will get a good mark.）
我越想昨天的事，就越伤心。
(The more I thought about yesterday's incident, the more upset I became.)

Key References:

Dai, Xuemei (戴雪梅) and Zhang Ruoying (张若萤), 1999. 《实用汉语语法三百点》(*300 Points in Practical Chinese Grammar*). 新世界出版社 New World Press. China.

Lu, Jianji (鲁健骥), 2003. 《初级汉语课本》(*Chinese For Beginners*). 北京语言文化大学出版社 Beijing Language and Culture University Press. China.

Edexcel GCSE in Chinese Specification.

Appendix 1
GCSE Chinese Rubrics

1.	xuǎn zé zhèng què dá àn 选择正确答案	Choose the correct answer
2.	tián zài kòng gé nèi 填在空格内	Fill in the blanks
3.	zài shì dàng de kòng gé nèi dǎ √ hào 在适当的空格内打√号	Tick the appropriate boxes
4.	yòng zhōng wén huí dá 用中文回答	Answer in Chinese
5.	tián chōng 填充	Fill in the blanks
6.	zuò wén 作文	Write an essay
7.	xù zuò 续作	Continuous writing
8.	biàn tiáo 便条	Note
9.	nèi róng bì xū bāo kuò 内容必须包括	You must include
10.	nèi róng kě yǐ bāo kuò 内容可以包括	You may include

(from Edexcel GCSE in Chinese Specification , p.36)

Appendix 2
Additional Vocabulary for GCSE Chinese

A

ā
啊 (exclamation) to express astonishment or admiration

āyí
阿姨 aunt

ài
爱 to love

àihào
爱好 hobby; to like

àiren
爱人 spouse

ānjìng
安静 quiet

ānpái
安排 to arrange; arrangement

ānquán
安 全 safety; safe

B

bǎ
把 (see Grammar for GCSE)

báicài
白菜 Chinese cabbage

báitiān
白 天 daytime

bānzhǎng
班 长 class monitor

bàntiān
半 天 half a day

bànfǎ
办法 means, approach, method

bàngōngshì
办 公 室 office

bāngmáng
帮 忙 to help; help

bāngzhù
帮 助 to help; help

bǎo
饱 full (as compared to 'hungry')

bàozhǐ
报 纸 newspaper

bēi
杯 cup

bēizi
杯子 cup

běi
北 north

běibiān
北 边 north

bèi
被 by (as in passives)

bèizi
被子 duvet

běn
本 measure word for 'book', etc.

běnzi
本子 notebook

bǐ
比 compare

bǐrú
比如 for example

bǐsài
比赛 match, contest

bǐ
笔 pen

bìyè
毕业 to graduate

bìxū
必须 must, have to

biàntiáo
便条 note

biàn
变 to change

biànchéng
变成 to change into

biànhuà
变化 to change, to vary; change

biàn
遍 (measure word) time

(an action from beginning to end)

biǎo
表 watch; form

biǎoyǎn
表演 to perform, to play; performance

bié
别 do not

biéde
别的 other

biérén
别人 other people

bīng
冰 ice

bǐnggān
饼干 biscuit

bīnguǎn
宾馆 hotel

bìng
病 illness, ailment

bìngrén
病人 patient

búcuò
不错 not bad; correct

búdàn
不但 not only (不但……而且)

bùdébù
不得不 have to

búduì
不对 not correct, wrong

búgòu
不够 not enough, insufficient

bùguǎn
不管 no matter; regardless of

bùhǎoyìsi
不好意思 excuse me

bù shǎo
不少 quite a few, quite some

bù tóng
不同 different

bù xíng
不行 not work; not allowed

búguò
不过 nonetheless

búyào
不要 do not

bù yí dìng
不一定 not necessarily

C

cǎi sè
彩色 multicolour

cānguān
参观 to visit (a museum, etc.)

cānjiā
参加 to take part in; to be a member of

cāochǎng
操场 playground

cǎo
草 grass

cǎodì
草地 grassland

cèsuǒ
厕所 toilet

céng
层 storey, floor; layer

cháguǎn
茶馆 teahouse

cháng
长 long

cháng
常 often

chángcháng
常 常 often

chànggē
唱 歌 to sing

chènshān
衬 衫 shirt

chéngjì
成 绩 mark (in a test); achievement

chéngshí
诚 实 honest; honesty

chījīng
吃 惊 surprised; taken back

chídào
迟 到 late (for something)

chǐzi
尺子 ruler

chòu
臭 stinky

chūfā
出发 to start off, to set off

chūkǒu
出 口 exit

chūlai
出来 (people) to come out

chūqù
出去 (people) to go out

chūxiàn
出 现 to emerge

chūzūqìchē
出租汽车 taxi

chúle yǐwài
除了……以外 except; besides

chuán
船 boat

chuānghu
窗 户 window

chuī
吹 (wind) to blow

cídài
磁带 cassette

cí
词 word

cídiǎn
词典 dictionary

cì
次 time (frequency)

cōngming
聪 明 intelligent

cóng
从 from

cūnzi
村子 village

cuò
错 wrong

D

dá
答 to answer

dá'àn
答案 key (to a question)

dǎsuan
打 算 to plan

dàjiā
大家 everybody

dàmǐ
大米 rice

dàxué
大学 university

dàyī
大衣 coat

dàifu
大夫 (medical) doctor

dānxīn
担 心 to worry

dàngāo
蛋 糕 cake

dāng shíhou
当……时候 when

dāngrán
当 然 certainly, of course

dǎoyǎn
导演 director

dēng
灯 light, lamp

děng
等 to wait for

děngyú
等于 to equal

dírén
敌人 enemy

dì
地 ground; earth

dìqiú
地球 the earth

dìtú
地图 map

dì
第 used in ordinal numbers

diànzǐyóujiàn
电子邮件 e-mail

diǎndēng
点灯 to light up the light

diànhuà
电话 telephone

diànyǐng
电影 film

diànyǐngyuàn
电影院 cinema

dìng
订 to book

diū
丢 to lose

dōngbian
东边 east

dǒng
懂 to understand; to know

dòng
动 to move

dōu
都 all; both

dú
读 to read, to read a book; to study

dùzi
肚子 stomach; belly

duǎn
短 short

duànliàn
锻炼 to do physical exercise

duàn
段 measure word for a section/segment

duì
对 correct

duìbuqǐ
对不起 sorry

duōme
多么 so (to indicate a high degree)

duōshǎo
多少 how many; how much

E

è
饿 hungry

ér nǚ
儿女 son and daughter

értóng
儿童 child

ěrduo
耳朵 ear

F

fāshēng
发生 to happen; to take place

fā xiàn
发现 to discover

fānyì
翻译 to translate

fàn
饭 meal

fàndiàn
饭店 hotel; restaurant

fāngbiàn
方便 convenient

fāng fǎ
方法 method

fàngjià
放假 to have a vacation/holiday

fàngxué
放学 to be off from school

fēicháng
非常 very

fēi
飞 to fly

fēijī
飞机 aeroplane

fēnzhōng
分钟 minute

fēng
封 measure word for letter

fùxí
复习 to review, to go over

G

gāi
该 should

gǎi
改 to correct; to change

gānbēi
干杯 cheers (as a toast)

gānjìng
干净 clean

gǎndào
感到 feel

gǎnqíng
感情 emotion

gǎnxiǎng
感想 feeling

gǎnxìngqù
感兴趣 interested

gāng
刚 just

gāoxìng
高兴 glad

gāozhōng
高中 senior high school

gōngkè
功课 homework

gōngjīn
公斤 kilogram

gōnglǐ
公里 kilometre

gōngchéngshī
工程师 engineer

gōngrén
工人 worker

gōngzī
工资 salary

gōngyuán
公园 park

gūniang
姑娘 young woman

gǔdài
古代 ancient times

guān
关 to close; to switch off

guānzhòng
观众 audience

guì
贵 expensive

guójiā
国家 nation

guówáng
国王 king

guònián
过年 to spend the Spring Festival

guòqù
过去 in the past

H

hái
还 still

háishi
还是 or (in choice questions)

hái zi
孩子 child

hǎi
海 sea

hánjià
寒假 winter vacation

hànyǔ
汉 语 Chinese language

hàn zì
汉 字 Chinese character

hǎochī
好 吃 tasty

hǎotīng
好 听 (of sound/voice) pleasant to hear

hǎowánr
好玩儿 fun, amusing

hǎoxiàng
好 像 as if

hóuzi
猴子 monkey

hòulái
后来 afterwards

hòutiān
后 天 the day after tomorrow

hú
湖 lake

huāyuán
花 园 garden

huárén
华 人 Chinese people

huàjiā
画家 painter, artist

huānyíng
欢 迎 welcome

huáng
黄 yellow

huídá
回答 to answer; to respond

huílái
回来 to return

huíqù
回去 to go back

huíxìn
回信 to reply to (a letter)

huì
会 meeting

huódòng
活 动 activity

huòzhě
或 者 or; either …or…

J

jīchǎng
机 场 airport

jīhuì
机会 chance, opportunity

jīdàn
鸡蛋 egg

jíle
…极了 too

(after adjectives; to indicate a degree)

jí
急 anxious; hasty

jì
寄 to post

jìhuà
计划 to plan; plan

jiātíng
家庭 family

jiā
加 to add

jiǎndān
简 单 simple

jiànkāng
健 康 health; healthy

jiānglái
将 来 future

jiǎng
讲 to tell about

jiāotōng
交 通 traffic

jiāo
教 to teach

jiǎozi
饺子 dumpling

jiàoshì
教 室 classroom

jiào
叫 to ask (sb. to do something)

jiè
借 to borrow; to lend

jièshào
介 绍 to introduce

jīnnián
今 年 this year

jīntiān
今天 today

jìnlái
进来 to come in

jìnqù
进去 to go in

jīngcháng
经 常 often

jiǔ
酒 alcohol

jǔxíng
举行 to hold (a match, etc.)

jùlí
距离 distance

jùzi
句子 sentence

juéde
觉得 feel

juédìng
决 定 to decide; decision

K

kāihuì
开会 to have a meeting

kāishǐ
开始 to begin, to start

kāixué
开 学 (new term) starts

kànbìng
看 病 to see the doctor

kànjiàn
看 见 to see

kǎoshì
考 试 examination; test

kě'ài
可爱 lovely

kěshì
可是 but

kěyǐ
可以 can; may

kě
渴 thirsty

kèqi
客气 polite

kèrén
客人 guest

kè
课 lesson

kèběn
课本 textbook

kèwén
课 文 text

kǒuyǔ
口 语 speaking, spoken language

kū
哭 to cry

kuài
块 measure word for a chunk

kuàizi
筷子 chopsticks

kuàilè
快乐 happy, joyful

L

lājī
垃圾 waste, rubbish

láixìn
来信 incoming letter

lánqiú
篮球 basketball

lǎorén
老人 old people

lǎoshī
老师 teacher

le
了 particle

lěng
冷 cold

líkāi
离开 to depart; to leave

lǐ bian
里边 inside

lǐ wù
礼物 present; gift

liǎn
脸 face

liànxí
练习 to practice; practice

liǎng
两 two (before measure word)

lóu
楼 multi-storey building

lù
路 road

lǜ
绿 green

M

mǎ
马 horse

mǎshàng
马上 immediately

mǎi
买 to buy

mài
卖 to sell

màn
慢 slow; slowly

máng
忙 busy

méiguānxi
没关系 Never mind

méiyìsi
没意思 boring, uninteresting

méiyǒu
没有 without

měi
每 every

měi
美 beautiful

měilì
美丽 beautiful

mén
门 door

míngnián
明年 next year

míngtiān
明天 tomorrow

mù
木 wood

N

ná
拿 to carry

nǎ
哪 which

nǎge
哪个 which

nǎli nǎr
哪里（哪儿）where

nǎxiē
哪些 which (plural)

nà
那 that

nàbiān
那边 there; that side

nàge
那个 that

nàli
那里 there

nàxiē
那些 those

nánbian
南边 south

nán
男 male

nánrén
男人 man

nán
难 hard, difficult

ne
呢 particle

néng
能　be able to; can

nián
年　year

niánjí
年级 year group (in a school)

niánlíng
年　龄 age

niúnǎi
牛奶 milk

nóngcūn
农　村　countryside

nǚrén
女人 woman

nuǎnhuo
暖　和　warm

P

pà
怕　afraid

pǎo
跑　to run

pǎobù
跑步　to jog

péngyou
朋　友　friend

piányi
便宜　cheap

piàoliang
漂　亮　beautiful; good-looking

pīngpāngqiú
乒　乓 球 table tennis

píngguǒ
苹　果　apple

píngshí
平　时　usually

pǔtōnghuà
普 通 话the official dialect of P.R.C.

Q

qǐlái
起来　to stand up

qìchē
汽车　automobile

qián
钱　money

qiánbian
前　边　front

qiánnián
前　年　the year before last year

qiántiān
前　天　the day before yesterday

qīn'àide
亲爱的 dear

qíngtiān
晴　天　clear day

qǐng
请　please

qǐngjià
请 假 ask for leave

qǐngwèn
请　问　please, may I ask

qiú
球 ball

qùnián
去 年　last year

R

ràng
让　to let

rè
热 hot

rènao
热闹　busy and bustling

rénmen
人 们　people

rénmínbì
人民币 the currency used in the P.R.C.

rènshi
认识 to know

rènwéi
认 为 to think; to believe

rènzhēn
认 真serious(ly) and conscientious(ly)

rìjì
日记 diary

róng yì
容 易 easy

rú guǒ
如果 if

S

sànbù
散步 to take a walk

shāfā
沙发 sofa

shān
山 mountain

shàngbān
上 班 to go to work

shàngbian
上 边 above; on

shàngkè
上 课 to have a class

shàngwǔ
上 午 morning

shàngxué
上 学 to go to school

shēntǐ
身体 body

shénme
什 么 what

shēngyīn
声 音 sound

shēngbìng
生 病 ill

shēngcí
生 词 new word

shēnghuó
生 活 life; to live

shíhòu
时 候 time

shíjiān
时 间 time

shípǐn
食品 food

shìjiè
世界 world

shì
事 matter

shìqing
事 情 matter

shì
是 to be

shǒu
手 hand

shǒubiǎo
手 表 watch

shūshu
叔 叔 uncle

shū
书 book

shūbāo
书 包 schoolbag

shūdiàn
书 店 bookshop

shù
树 tree

shuí
谁 who

shuǐguǒ
水 果 fruit

shuìjiào
睡 觉 to sleep

shuō
说 to speak; to say

shuōhuà
说 话 to speak

sījī
司机 driver

sòng
送 to give; to see sb. off

suì
岁 years of age

T

tāmen
他们 they; them (male)

tāmen
她们 they; them (female)

tàiyáng
太 阳 the sun

tāng
汤 soup

táng
糖 sugar

tèbié
特别 especially; special

tí
题 task in a test paper

tímù
题目 task in a test paper

tiàowǔ
跳 舞 to dance

tīng
听 to listen to

tīngjiàn
听 见 to hear

tīngxiě
听 写 to do some dictation

tóngxué
同 学 classmate

tóu
头 head

tóufa
头发 hair

W

wàzi
袜子 sock; socking

wàibian
外 边 outside

wàiguó
外 国 foreign country

wàiyǔ
外语 foreign language

wán
完 to finish

wǎnfàn
晚 饭 supper

wǎnhuì
晚 会 party

wǎnshang
晚 上 evening; night

wǎngqiú
网 球 tennis

wǎng
往 toward, to

wàng
忘 to forget

wèile
为了 in order to

wèishénme
为 什 么 why

wēndù
温 度 temperature

wénhuà
文 化 culture

wénzhāng
文 章 article

wèn
问 to ask

wènhǎo
问 好 to greet; to say hello

wèntí
问题 question

wǒmen
我 们 we; us

wǔfàn
午饭 lunch

X

xībian
西边 west

xīcān
西餐 western cuisine

xīhóngshì
西红柿 tomato

xīwàng
希 望 to hope; hope

xǐhuan
喜 欢 to like

xiàbān
下班 to be off from work

xiàkè
下课 to be off from class

xiàlái
下来 to come down

xiàwǔ
下午 afternoon

xiànzài
现 在 now

xiāngxìn
相 信 to believe

xiāng
香 fragrant

xiāngjiāo
香 蕉 banana

xiǎng
想 to think

xiǎoháir
小孩儿 child; kid

xiǎojiě
小 姐 Miss

xiǎoshuō
小 说 novel

xiǎoxīn
小 心 careful

xiǎoxué
小 学 primary school

xiào
笑 smile; to smile; to laugh

xiě
写 to write

xiězuò
写 作 writing

xīn
新 new

xīnnián
新 年 new year

xīnwén
新 闻 news

xīn
心 heart

xìn
信 letter

xìnfēng
信 封 envelope

xīngqī
星 期 week

xīngxing
星 星 star

xíngli
行李 luggage

xìngqù
兴 趣 interest

xìngfú
幸 福 happy; happiness

xiūxi
休息 to take a rest; rest

xūyào
需要 to need

xǔduō
许 多 many; much

xué
学 to learn; to study

xuékē
学科 subject

xuéqī
学期 term

xuésheng
学 生 student

xuéxí
学习 to study; to learn

Y

ya
呀 (exclamation word)

yánsè
颜色 colour

yǎnjing
眼 睛 eye

yǎn
演 to act

yǎnyuán
演 员 actor; actress

yàngzi
样 子 style

yào
要 to want

yàoshi
要是 if

yě
也 also

yěxǔ
也许 perhaps

yíhuìr
一会儿 a moment

yíyàng
一样 the same

yìbiān yìbiān
一边……一边 see Grammar

yīfu
衣服 clothing

yǐzi
椅子 chair

yǐjīng
已经 already

yǐhòu
以后 later

yìsi
意思 meaning

yīntiān
阴 天 overcast

yīngbàng
英 镑 sterling pound

yīnggāi
应 该 should

yòng
用 to use

yóupiào
邮 票 stamp

yóuyǒng
游 泳 to swim

yǒu
有 to have

yǒu de
有 的 some

yǒumíng
有 名 famous

yǒushíhou
有 时 候 sometimes

yǔfǎ
语法 grammar

yǔyán
语 言 language

yùdào
遇到 to come across

yuán
元 yuan in RMB

yuán
圆 round

yuǎn
远 distant; far away

yuànyì
愿 意 willing

yuè
月 month

yuèliang
月 亮 the moon

yún
云 cloud

yùndòng
运 动 sports; to do sports

Z

zài
再 again

zàijiàn
再 见 good bye

zánmen
咱 们 we (including the hearer)

zǎo
早 early

zǎochén zǎoshang
早 晨 （早上） early morning

zǎofàn
早 饭 breakfast

zěnme
怎 么 how

zěnmeyàng
怎 么 样 how

zhǎnlǎn
展 览 exhibition

zhàn
站 to stand; stop, station

zhāng
张 measure word for a paper, etc.

zháojí
着急 worried

zhǎo
找 to look for

zhàogù
照 顾 to take care of

zhè
这 this

zhèbiān
这 边 here; this side

zhège
这个 this

zhèli
这里 here

zhèr
这儿 here

zhèxiē
这 些 these

zhèyàng
这 样 in this way

zhēn
真 really

zhèng
正 see Grammar

zhèngzài
正 在 see Grammar

zhī
只 measure word for animals, etc.

zhī
支 measure word for pen, etc.

zhīdào
知 道 to know

zhīshi
知识 knowledge

zhí
直 straight

zhǐyǒu
只有 only

zhǐ
纸 paper

zhōng
中 middle

zhōngcān
中 餐 Chinese cuisine

zhōngwén
中 文 Chinese language

zhōngwǔ
中 午 noon

zhōngxué
中 学 secondary school

zhòngyào
重 要 important

zhōumò
周 末 weekend

zhù
住 to live; to stay

zhù
祝 to wish

zhuānjiā
专 家 expert

zhuānyè
专 业 major

zhǔnbèi
准 备 to prepare

zhuōzi
桌子 desk; table

zìjǐ
自己 self

zìxíngchē
自行车 bicycle

zì
字 character

zìdiǎn
字典 dictionary

zǒng shì
总（是） always

zǒu
走 to walk; to leave

zǒulù
走路 to walk

zǔzhī
组织 to organize

zuǐ
嘴 mouth

zuì
最 used in superlatives

zuìhǎo
最好 the best

zuìhòu
最后 finally; at last

zuìjìn
最近 recently

zuótiān
昨天 yesterday

zuǒbian
左边 left

zuǒyòu
左右 around, or so

zuò
做 to do

zuòkè
做客 to be a guest

zuòjiā
作家 writer

zuòwéi
作为 as

zuòyè
作业 homework

zuò
坐 to sit; to take (a vehicle)

zuòchē
坐车 to take a car, a bus

zuòfēijī
坐飞机 to take an aeroplane

*参照《汉语水平考试大纲》编写

DOWN BY THE COOL OF THE POOL

For George, Harriet, Doris and Guthrie,
and the cool of the pool in France – T.M.

For the lovely chucklesome little Joe – G.P-R.

ORCHARD BOOKS
96 Leonard Street, London EC2A 4XD
Hachette Children's Books
Level 17/207 Kent Street, Sydney, NSW 2000
First published in Great Britain in 2001
This edition published for Bookstart in 2005
ISBN 1 84616 096 0

A CIP catalogue record for this book is available from the British Library.
2 4 6 8 10 9 7 5 3 1
Printed in China

Down by the Cool of the Pool

Tony Mitton illustrated by Guy Parker-Rees

ORCHARD BOOKS

Down by the pool
in the cool of the day,
Frog cried, "Wheeeee!
Can you dance like me?"

Duck came to see.
"I can dance too.
But not like you.
I can flap."

So Duck went "flap"

and Frog cried,

"Wheeeeee!

Can you dance like me?"

Down by the cool of the pool.

Pig came to see.
"I can dance too. But not like you.
I can wiggle."

So Pig went "wiggle",

Duck went "flap",

and Frog cried,

"Wheeeee!

Can you dance like me?"

Down by the cool of the pool.

Sheep came to see.

"I can dance too.

But not like you.

I can stamp."

So Sheep went

stamp,

Pig went "wiggle",

Duck went "flap",

and Frog cried

"Wheeeee!

Can you dance like me?"

Down by the cool of the pool.

Then up sprang Cat
with a sudden **bound**

and Dog
came **frisking**
round and round.

Goat butted in
with a **skip**
and a **hop**,

and Frog cried,
"**Wheeeee!**
That's great! Don't stop."

Then Playful Pony
began to prance
and Donkey drummed his hoofbeat dance,

but when it came to Capering Cow,

Frog cried, **"Wow! Altogether now..."**

With a stamp and a wiggle,

and a "flap" and a wheeeee!

the animals danced so joyfully,

till . . .
with a bump and a slip . . .

and a trip and a crash

and a "Whoops!
Watch out . . . !"
and a "topple", and a . . .

Splash!

into the pool they **flapped**
and they **flopped**.

But did that stop them?

No! No! No!
For they all cried, "Ooh!" and,
"Whoooop!"
and "Wheeeee!"
"Come and see.
Oh, ha-ha-hee!

We're having fun, dancing our dance
in the cool of the pool!"

And they splished and splashed

till their dance was done,

then away they drifted

and down went the sun,

as there by the cool
of the ripply pool

with a **hop** **hop**

PLOP!
even Frog . . .
was gone.